예배를 통한
이 땅의
부흥을 꿈꾸며

_____ 참된 예배자로 이 땅을 살아갈
님의 삶에 하나님의 영광과 생명이
충만하게 드러나기를 축복합니다.

박철순의 예배묵상

참된예배자를 위한 **예배묵상**

초판발행 2009년 7월 1일
개정증보 3판 1쇄 2022년 4월 23일
지은이 | 박철순
발행인 | 박철순
발행처 | 워쉽빌더스 출판부 (2015.04.24.제406-2015-000062호)
주　소 | 경기도 파주시 송화로13, 105동 404호(아동동, 팜스프링아파트)
유　통 | 두란노서원
인쇄처 | 삼덕정판
제본소 | 삼덕정판
판　권 | 워쉽빌더스
ISBN | 979-11-955354-5-3 13230

책값은 뒤표지에 있습니다.
잘못된 도서는 교환하여 드립니다.
이책의 내용을 허락 없이 옮겨 사용할 수 없습니다.

독자의 의견을 기다립니다.
krpraise@hanmail.net

참된 예배자를 위한 예배묵상

박철순 지음

예배를 세우는 사람들
WORSHIP BUILDERS BOOK
THE SPIRIT OF WORSHIP

서 문

예배를 통한 이 땅의 부흥을 꿈꾸며

　오늘날 세계적으로 일어나고 있는 찬양과 경배의 물결은 전 세계 교회에 예배의 새로운 기준을 제시하고 있습니다. 하나님은 마지막 때에 각 나라와 족속과 방언 가운데서 하나님을 영과 진리로 예배하는 예배자(요4:23)를 찾고 있다고 말씀하셨습니다. 1980년대 후반에 우리나라에서 일어났던 찬양과 경배 사역은 이와 맥락을 같이 하는 것으로 이 땅의 예배를 새롭게 하기 위한 하나님의 계획으로 시작된 것입니다.

　현대적인 예배(찬양과 경배) 사역이 기존 예배에 끼친 가장 큰 영향은 예배에서 수동적인 태도로 머물러 있던 성도들이 자발적으로 예배에 참여할 수 있도록 길을 열어 준 것입니다. 하나님은 모든 성도가 하나님을 직접 예배할 수 있도록 왕 같은 제사장(벧전2:9)으로 우리를 부르신 것입니다.

　오늘날 성도들이 예배에 대해 갖고 있는 깊은 관심은 하나님에 대한 갈급함에서 시작된 것입니다. 더 이상 성도들은 구경꾼으로 머물러 있고 싶지 않은 것입니다.

미국 캘리포니아 주 벤 누이스 시에 있는 "길 위의 교회(Church On The Way)" 잭 헤이포드(Jack W. Hayford) 목사는 우리에게 의미심장한 메시지를 전해주고 있습니다.

> 우리는 개혁의 두 번째 국면에 놓여 있습니다.
> 이것은 신학을 올바르게 했던
> 마틴 루터의 종교개혁 같은 것은 아니지만,
> 교회가 예배를 올바로 드리게 할 수 있는 개혁입니다.[1]

예배에서 찬양이 중요한 이유는 진정한 찬양이 회복될 때 성도들은 더 이상 구경꾼으로 머물러 있지 않을 것이라는 확신 때문입니다. 목회자를 포함한 모든 성도가 하나님을 만나고 그 분을 높이며 자발적으로 예배의 자리로 나아가게 될 것입니다. 성도들은 머리가 아니라 마음으로 하나님을 찬양하고 예배하며 하나님의 임재를 경험하고 그 분을 만날 것이며 예배의 깊은 바다로 나아갈 것입니다.

이 책은 지난 20년간 예배사역 현장에서 배운 예배의 마음을 예배와 삶의 예배, 예배사역과 사역의 실제에 대해 40개의 글로 묶어서 하루에 한 장씩 읽고 묵상하며 삶에 적용할 수 있도록 정리하였습니다.

예배를 배운다는 것은 하나님을 알고 그 분과 생명의 교제를 갖는 것으로, 방법이 아니라 원리를 이해해야 합니다. 우리는 늘 열린 마음과 겸손함으로 하나님께 나아가 예배를 배워야 합니다.

지난 세월동안 예배에 많은 변화가 있었습니다. 악기 사용이나 음악적 스타일, 기존의 것을 지키려는 장년층과 새로운 것을 추구하는 젊은이들의 보이지 않는 갈등, 하지만 이제는 서로를 이해하고 받아들이며 서로에게 한 걸음씩 다가가야 할 때라고 생각됩니다. 우리의 눈이 서로의 다른 것을 주목하는 것이 아니라 하나님을 향하게 된다면 우리는 하나님 앞에서 하나가 될 수 있을 것입니다.

2009년 7월
어노인팅 미니스트리 대표 박철순

예배묵상 증보판을 내면서

　예배사역현장에서 삶과 사역을 통해 배웠던 예배의 마음을 담아 2009년에 쓴 "참된 예배자를 위한 예배묵상"이 세상에 소개된 지 13년이 지났습니다.

　저는 이 책이 제가 생각했던 것보다 더 많은 일을 하는 것을 보게 되었습니다. 이 책은 제가 갈 수 없는 곳을 찾아갔고, 제가 한 번도 만난 적이 없는 예배자와의 만남을 연결해 주기도 했습니다.

　새롭게 내용을 다듬고 보강한 이 책은, 지난 30년 이상 예배사역을 하면서 배운 예배의 마음을 나누기 위해 쓴 책입니다. 이전과 달리 글의 핵심을 짧게 요약하고 휴대하기 편하게 부피를 줄인 예배묵상이 이 땅과 열방의 예배자들을 하나님이 기뻐하시는 참된예배자를 세우는데 귀하게 쓰임 받을 수 있기를 기대합니다.

2022년 4월
워십빌더스 대표 박철순

목 차

서 문	예배를 통한 이 땅의 부흥을 꿈꾸며	8
	개정증보판을 내면서	11
목 차		12
감사의 글		16
추천의 글		18

1부. 예 배

1장	하나님이 찾으시는 예배자	22
2장	우리가 꿈꾸는 예배	26
3장	예배는 습득되는 것입니다	30
4장	예배는 하나님과의 인격적인 교제입니다	34
5장	예배는 참된 가치에 대한 반응입니다	38
6장	예배와 갈망1, 하나님을 만나지 못한 사람의 갈망	42
7장	예배와 갈망2, 하나님을 참으로 만난 사람의 갈망	46
8장	우리는 예배하는 존재로 지음 받았습니다	50
9장	예배는 하나님을 위한 것입니다	54
10장	내 평생의 소원… 하나님을 알아가는 것	58

11장	예배는 우리의 기쁨이자 특권입니다	62
12장	예배는 하나님 한 분을 열렬히 사랑하는 것입니다	66
13장	감사, 하나님의 임재로 들어가는 문	70
14장	우리는 예배를 예배하지 않는다. 하나님을 예배한다	74
15장	예배는 콘서트가 아닙니다	78
16장	새 노래로 하나님을 찬양하라	82
17장	우리 예배는 축제가 되어야 합니다	86

2부. 예배와 삶

18장	삶의 예배자로의 부르심	92
19장	삶의 예배자로 산다는 것	96
20장	예배전쟁	100
21장	금식이란 내 영혼에 하나님의 자리를 만드는 것	104
22장	온전한 헌신, 내 삶의 1퍼센트는	108
23장	우리는 모두 예배의 달인이 되어야 합니다	112
24장	예배자의 마음에 회복해야 할 마음의 언어	116
25장	예배와 선교	120
26장	위험한 고백	124

목 차

3부. 예배사역

27장	예배자인가 사역자인가	130
28장	익숙함을 넘어 날마다 새로운 예배의 자리로	134
29장	기름부으심이 있는 예배사역이란	138
30장	공격적인 예배로의 부르심	142
31장	가장 강력한 선포는 증거 하는 것입니다	146
32장	노래한다는 것은 메시지를 전하는 것입니다	150
33장	하나님의 마음에 합한 예배사역자	154
34장	예배사역은 관계에서 시작됩니다	158
35장	예배는 하나님의 공급을 경험하는 자리입니다	162

4부. 예배사역의 실제

36장	예배사역에서 음악의 역할	168
37장	예배에서 곡을 선곡한다는 것은	174
38장	예배 전체를 볼 수 있는 눈	178
39장	사역의 무게중심	182
40장	예배에서 찬송가 사용에 대해서	186
	- 글을 마치며	193
	- 부 록	200
	1. 예배 팀에서 싱어와 연주자의 자질과 역할	202
	2. 예배인도자가 콘티작성을 위해 알아야 할 10가지	228
	- 악보	240
	- 주	242

감사의 글

지난 20년을 돌아보면 모든 일이 감사하고 놀라울 따름입니다. 한 명의 예배자가 세워지기까지 얼마나 많은 분들의 수고와 신실하신 우리 하나님께서 놀랍게 일하셨는지 고백하지 않을 수 없습니다.

무엇보다 제 삶에 가장 큰 축복은 좋은 스승들을 만난 것입니다. 삶으로 예배를 가르쳐주시고 예배자의 본이 되어주신 정종원 목사님, 박명선 사모님과 임마누엘선교단 가족들, 늘 사랑과 격려로 함께해 주신 다리놓는사람들의 박정관 목사님, 조건회 목사님, 김진호 목사님, 이 책을 마무리하도록 격려해주신 이유정 목사님, 교회사역이 참 행복할 수 있다는 것을 가르쳐주신 라준석 목사님과 대전 온누리교회에서 함께했던 교역자와 성도님들, 서울 내수동교회 박희천 원로 목사님, 박지웅 목사님과의 만남은 제 삶에 큰 축복이었습니다. 주님의 몸 된 교회를 섬기면서 받은 복은 이루 다 말할 수 없습니다.

예배를 통한 이 땅의 부흥을 꿈꾸며 함께했던 어노인팅 멤버들과 투어 팀, 그리고 다 셀 수 없는 수많은 예배자들, 여러분과 함께 예배하며 하나님 나라를 꿈꾸었던 지난 시간들은 너무나 행복한 시간이었습니다. 여러분의 헌신이 이 땅의 예배를 위한 거룩한 씨앗이 되어 아름다운 열매 맺을 날을 기대합니다.

하나님 나라를 위한 귀한 동역자들, 김진홍 집사님, 전선하 장로님, 이민재 집사님, 여러분과의 교제를 통해 지혜를 얻고 하나님의 마음을 배웁니다. 또한 책과 음반을 통해 예배의 영감과 열정을 불어넣어준 잭 헤이포드, 존 파이퍼, 맥스 루케이도, 켄트 헨리, 앤디 팍, 타미 워커, 매트 레드맨, 여러분은 모두 저의 귀한 선생님입니다. 사랑하는 친구와 동역자들, 오재성, 양재혁, 한정수, 김진, 김대형, 이민욱, 민호기, 김영진, 심형진, 정신호, 심종호, 이길우님에게 감사의 마음을 전합니다.

하나님을 예배하며 만났던 귀한 예배자들, 하나님 안에 있다는 이유 하나만으로 가족이 되고 사랑으로 섬겨주신 하나님의 사람들에게 감사드립니다. 여러분의 섬김을 통해 하나님 나라의 부유함을 맛볼 수 있었습니다.

이 책이 나오기까지 저보다 더 많이 기대하고 섬겨주신 명환 형님께 마음 깊은 곳으로부터 감사의 마음을 전합니다. 마지막으로 하나님이 제 삶에 허락하신 사랑하는 아내 윤아미와 딸 하임에게 사랑과 감사의 마음을 전합니다.

예배를 통한 이 땅의 부흥을 꿈꾸며
2009년 워십빌더스 대표 박철순

추천의 글

박철순 간사의 글에는 20여 년간 예배 현장에서 배운 중요한 관점이 담겨 있습니다. 수십 권의 예배 관련 서적에서도 찾기 힘든 뼈저린 교훈이 이 한 권의 책에 고스란히 녹아 있습니다. 이 책을 자랑스럽게 추천합니다.

정종원 목사 (LA 아이엠처치 담임, 꿈이있는자유)

하나님이 궁극적으로 예배자의 마음과 예배자의 삶을 찾으신다는 것을 이 책은 가르쳐줍니다. 이 책을 통해 하나님을 최고 가치로 여기는 자의 반응과 삶이 예배 사역 가운데 풀어질 때 거룩한 영향력이 엄청난 힘으로 나타날 것을 다시금 깨닫습니다.

조건회 목사 (예능교회 담임, 한국다리놓는사람들 대표)

박철순 간사는 예배의 꽃인 찬양을 사역과 삶 속에서 경험한 기름부음이 있는 예배 사역자이자 예배자입니다. 그는 예배 사역을 할 때의 기름부음 전에 삶 속에서의 기름부음이 얼마나 중요한지를 체험한 예배자입니다. 그런 그가 쓴 이 글은 내용의 지평을 넘어 귀한 영향력으로 독자의 삶을 밝힐 것입니다.

김진호 목사 (뉴저지 예수마을교회 담임, 미국 다리놓는사람들 대표)

박철순 간사는 예배자의 마음과 예배에 대한 이해를 모두 가진 예배 사역자로 20년 넘게 예배 사역에 헌신해 왔습니다. 그 헌신이 가져다 준 풍부한 경험과 이해의 열매인 이 책을 통해 많은 분이 예배의 가치와 능력을 알게 되길 기대합니다.

박정관 목사 (문화연구원 소금향 원장)

나이의 간격을 넘어 오랫동안 친구처럼 지내온 박철순 간사는 예배 인도자이기 전에 참된 예배자입니다. 그가 쓴 이 책은 당신을 예배의 자리로 이끌 것입니다. 책에 담긴 내용 하나하나는 그의 머리에서 나온 것이 아니라 그의 가슴에서 나온 것이기 때문입니다.

라준석 목사 (사람살리는교회 담임)

박철순 간사의 글이 다른 누구의 예배 이론과 사역 논리보다 강력한 것은 지난 20년간 예배 사역의 밑바닥부터 삶으로 그려낸 고백이 진하게 묻어 있기 때문입니다. 이 땅에 찬양과 예배로 하나님을 섬기는 모든 사람에게 이 책은 강력한 예배 파장을 일으킬 것입니다.

이유정 목사 (예배사역연구소 소장, 좋은씨앗)

예배묵상

예배는
하나님의
계시에 대한
인간의
반응입니다

1부

예배

제 1 장

하나님이 찾으시는 참된 예배자

생명의 관계로 부르심

아버지께 참되게 예배하는 자들은
영과 진리로 예배할 때가 오나니 곧 이때라 아버지께서는 자기에게
이렇게 예배하는 자들을 찾으시느니라 요4:23

요한복음 4장 23절은 예배에 대한 말씀을 나눌 때 가장 많이 인용하는 구절 중 하나입니다. 이 구절에서 하나님이 찾는 사람이 있는데 그 사람은 "예배자"입니다. 찾는다는 말은 있어도 되고 없어도 되는 것이 아니라 꼭 필요하다는 것입니다. 마커스의 "주를 위한 이곳에" 가사를 보면 '주님이 찾으시는 그 한 사람 그 예배자' 내용이 있습니다. 개인적으로 이 곡은 예배자의 마음을 튜닝 하는 고백이라고 생각하는데, 이 곡을 부를 때마다 저 자신에게 난 하나님이 찾으시는 예배자인지 질문하곤 합니다.

오늘날 기독교를 종교로 믿는 사람은 많지만, 하나님과 생명의 관계 안에서 풍성한 삶을 누리며 사는 사람은 많지 않은 것 같습니다. 많은 그리스도인이 일주일에 정해진 공 예배에 참석하는 것으로 그리스도인의 의무를 다했다고 생각하고 있습니다. 하지만 하나님은 특정한 시간과 공간을 뛰어넘어 온 삶으로 하나님을 예배하는 예배자를 찾고 있습니다.

삶의 자리에서 예배가 가능한 것은 무소부재(無所不在) 하신 하나님께서 우리의 모든 삶에 살아계시며 함께하시겠다고 약속하셨기 때문입니다. 하나님은 묵도와 함께 깨어나셨다가 축도와 함께 주무시러 가는 분이 아닙니다. 하나님은 예배당 건물에 갇혀계신 분이 아니라 온 땅에 충만하게 살아계신 분입니다. 가정, 학교, 직장, 길을 걸을 때, 버스를 기다릴 때, 전철을 타고 갈 때도 언제나 우리와 함께하시는 분입니다.

하나님이 찾으시는 예배자, 하나님께서 우리를 예배자로 부르셨습니다. 예배자란 하나님과의 교제를 아는 사람입니다. 예배자로 살아간다는 것은 하루의 일부분, 일주일 가운데 특정한 장소에서 드리는 몇 번의 예배가 아니라 우리의 모든 삶에서 하나님을 인정하고, 동행하며, 생명의 교제가운데 살아가는 사람입니다. 우리 삶을 하나님이 기뻐하시는 거룩한 산 제물로 드리는 것입니다.

개인예배

주를 위한 이 곳에(D key)
때가 차매(D key)

적용 기도

 온 땅에 충만하게 살아계신 하나님, 나의 삶에 실존하시는 하나님을 인정하고 높여 드립니다. 오늘 나의 삶의 보좌에 좌정하시고 다스려 주시옵소서. 하나님과 동행하고 온 삶으로 예배하며 생명의 교제 가운데 살아가겠습니다.

제 2 장

우리가 꿈꾸는 예배

성도들이 참여하는 예배

내가 여호와께 바라는 한가지 일 곧 그것을 구하리니
곧 내가 내 평생에 여호와의 집에 살면서 여호와의 아름다움을 바라보며
그의 성전에서 사모하는 그것이라 시27:4

지난 30년 이상 예배사역 현장에서 사역하면서 한국교회를 향해 하나님이 주신 비전은 '성도들이 자발적으로 참여하는 예배'에 대한 마음이었습니다. 저명한 예배학자 로버트 웨버(Robert E.Webber)는 그의 책 "살아있는 예배를 위한 8가지 원리(Worship is a Verb)"에서 현대예배의 문제 중 하나로 '예배에 참여하지 않고 공연을 관람하듯 예배를 관람하는 성도의 태도'를 지적하고 있습니다.

그렇다면 성도들이 예배에서 목회자나 예배순서에 의존된 수동적인 태도를 취하고 있는 이유는 무엇일까요? 여러 가지 이유가 있을 수 있지만, 가장 본질적인 원인은 교회에서 예배에 대한 교육을 받은 적이 없기 때문입니다.

'교회에 예배에 대한 교육이 있는가? 예배가 무엇인가?' 질문해 보십시오. 교회를 오래 다니고 중직을 맡고 있는 성도라 해도 이 질문에 자신 있게 대답하기 어려운 것은 교회에서 예배에 대한 교육을 받은 적이 없기 때문입니다. 그리스도인의 신앙생활에서 핵심이라 할 수 있는 예배를 성도들이 모른다는 것은 교회에 가장 치명적인 약점이 아닐 수 없습니다.

성도들이 자발적으로 참여하는 예배를 만들기 위해서는 예배의 참된 가치와 의미를 알고, 능동적으로 반응하며 참여할 수 있도록 성도들을 준비시켜야 합니다.

가장 중요한 기초는 예배의 대상인 하나님을 알고, 왜 예배해야 하는지를 가르쳐야 합니다. 적어도 일 년에 1~2회 예배에 대한 교육을 받을 수 있는 예배학교나 예배세미나를 준비하거나 설교를 통해 예배를 가르칠 수도 있습니다. 성도들이 하나님과의 교제를 이해하고 예배할 수 있도록 예배의 근육을 만들어 주어야 합니다.

개인예배

더 원합니다/ 예수 사랑합니다(E key → G key)
주께 가까이 날 이끄소서(G key)

적용 기도

사역을 하러 갔다가 사역을 당하고 오는 경우가 있었는데, 그 예배는 성도들이 하나님을 향한 배고픔, 목마름으로 준비된 예배였습니다. 성도들이 예배의 참된 가치와 의미를 알고 하나님 한분을 향한 갈망을 갖고 나아오는 예배만큼 강력한 예배의 동력은 없을 것입니다. 교회에서 성도들을 예배자로 훈련하여 세울 수 있도록 자신이 속한 교회와 공동체를 위해 기도해 주십시오.

제 3 장

예배는 습득 되는것입니다

예배는 이론이 아닌 실제

내가 주께 대하여 귀로 듣기만 하였사오나
이제는 눈으로 주를 뵈옵나이다 욥 42:5

밥 소르기(Bob Sorge)목사의 책 "찬양으로 가슴 벅찬 예배(Exploring Worship)"를 보면 기독교 역사에서 예배를 정의한 내용을 한 페이지 가득 모아 놓은 것을 볼 수 있습니다. 내용을 살펴보면 예배에 대한 영감과 통찰력을 주는 귀한 내용을 담고 있는데, 이 책에서 그의 장인 모리스 스미스가 의미심장한 메시지를 들려주고 있습니다.

> 우리는 참된 예배의 정의를 내릴수 없다.
> 그것은 오직 체험되는 것이다.[1]

2장에서 '교회에 예배에 대한 교육이 있는가?' 문제를 제기했는데, 놀라운 것은 교회에서 예배에 대한 교육을 받은 적이 없는데 매주 예배하고 있다는 것입니다. 교육을 받지 않았는데 예배가 가능한 이유는 예배가 체험을 통해 습득되는 것이기 때문입니다. 우리는 매주 반복되는 예배를 통해 예배를 체험하고 습득(배우고)하고 있는 것입니다.

예배가 습득되는 것이라고 할 때 중요한 것은 모델입니다. 습득된다는 말은 긍정적인 영향을 줄 수도 있지만, 부정적인 영향을 줄 수도 있기 때문입니다. 예배를 섬기는 목회자와 사역자가 예배자로서 본이 되는 것이 중요한 것은 성도들이 예배를 섬기는 목회자와 사역자의 모습을 통해 예배를 배우고 있기 때문입니다.

> 아이들은 배움으로 자라는 것이 아니라
> 보고 듣는 것을 통해서 자란다.

교회에서 세대와 세대 간의 믿음을 전수하고 영적인 유산을 물려주는데 최고의 학습 장소는 예배입니다. 우리는 예배에서 본을 보이고 예배를 통해 가르치며 다음세대는 어른들이 예배하는 모습을 통해 예배를 배우고 있는 것입니다.

예배의 중요성을 강조하는 백 마디 외침보다 더 강력한 언어는 목회자와 예배를 섬기는 사역자가 예배자로서 본을 보이는 것입니다. 우리의 믿음, 확신, 하나님을 향한 사랑과 경외심을 예배를 통해 증거하고 다음세대에게 전하는 것입니다.

개인예배

나는 예배자입니다/ 나는 하나님을 예배하는(E key) 예배합니다/ 완전하신 나의 주(E key)

적용 기도

예배하는 교회가 되는데 가장 중요한 것은 담임목사가 예배자가 되는 것입니다. 예배는 이론이 아닌 실제이며 체험을 통해 습득되는 것이기 때문입니다. 목회자와 예배를 섬기는 사역자를 위해 기도해 주십시오. 사역에 능한 사역자 이전에 예배자로서 본이 될 수 있도록, 목회자와 사역자가 예배자가 될 때 우리 예배에 놀라운 변화가 일어날 것입니다.

제 4 장

예배는 하나님과의 인격적인 교제입니다

교제의 시작, 하나님의 실존을 인정하는 것입니다

믿음이 없이는 하나님을 기쁘시게 못하나니
하나님께 나아가는 자는 반드시 그가 계신 것과 또한 그가 자기를
찾는 자들에게 상 주시는 이심을 믿어야 할지니라 히 11:6

예배사역현장에서 예배에 대한 문제 하나를 나눈다면 인격성의 부재를 얘기 할 수 있습니다. 인격성의 부재란, 하나님을 예배할 때 우리가 하나님을 인격적으로 대하고 있는가 하는 것입니다.

무대에서 성도들의 얼굴을 보면 많은 경우 얼굴에 표정이 없고 경직되어있는 것을 볼 수 있습니다. 하나님께서 이런 모습을 보신다면 이렇게 질문 할 수 있을 것입니다. '오늘 나한테 뭐 기분 나쁜 일이라도 있는 거니?'

예배에서 성도들의 얼굴이 굳어있는 이유 중 하나는 예배가 살아계신 하나님과 교제하는 자리라는 것에 대한 이해가 결여되어 있기 때문입니다. 하나님과 인격적인 교제를 갖는데 가장 중요한 기초는 하나님의 실존을 인정하는 것입니다.

예배는 텔레비전이나 영화, 스포츠 경기나 콘서트를 관람하는 것과 다른 것입니다. 살아계신 하나님과의 만남, 인격적인 교제가 일어나는 자리입니다. 브루스 리프블래드는 예배를 이렇게 정의하고 있습니다.

> 예배란 우리의 생각과
> 마음을 주님께 집중시키는 것이다. [1]

사랑의 반대는 미움이 아니라 무관심이라고 합니다. 우리가 하나님을 사랑한다면 사랑의 대상이신 하나님의 실존을 인정하고 그 분께 우리의 마음, 관심을 집중해야 합니다. 사랑하는 두 사람이 인격적인 교제를 갖기 위해 가장 중요한 것은 자주 만나야 합니다. 함께 시간을 갖고 마음을 나누는 시간을 통해 서로를 알아가게 되고 깊고 친밀한 관계를 맺는 것입니다.

하나님과의 관계도 마찬가지입니다. 하나님과 인격적인 교제를 갖기 위해서는 삶의 자리에서 하나님의 실존을 인정하며 그 분과 함께 교제하며 하나님을 알아가야 합니다.

개인예배

주님 곁으로 날 이끄소서(A key)
주께 가오니 날 새롭게 하시고(A key)

적용 기도

우리의 모든 삶에 살아계시고 함께하시는 하나님의 실존을 인정하며, 삶의 자리에서 하나님과 교제하며 더 깊고 친밀한 관계를 위해 제 시간과 마음을 드리겠습니다.

제 5 장

예배는 참된 가치에 대한 반응입니다

즐거운 희생과 대가지불

천국은 마치 밭에 감추인 보화와 같으니
사람이 이를 발견한 후 숨겨두고 기뻐하며 돌아가서
자기의 소유를 다 팔아서 그 밭을 샀느니라 마 13:44

미국에서 캠퍼스를 중심으로 젊은이들안에 부흥의 불길을 일으키고 있는 패션(Passion) 사역의 창시자 루이 기글리오(Louie Giglio) 목사는 이렇게 예배를 정의했습니다.

> 예배란 우리가 가장 가치 있게 여기는 것에
> 대한 우리의 반응이다. [1]

이 정의는 현대를 사는 우리 모두에게 예배에 대한 통찰력과 적용 가능한 실제적인 지침을 전해주고 있습니다.

사람들은 모두 가치를 갖고 있고 가치에 반응하며 살고 있습니다. 내가 무엇을 가치 있게 여기는지를 아는 것이 중요한 이유는 가치가 예배의 대상과 정확하게 일치하기 때문입니다.

그렇다면 내가 무엇을 가치 있게 여기는지 어떻게 알 수 있을까요? 그것은 가치에 대해 내가 어떤 희생과 대가를 치를 수 있는가를 보면 알 수 있습니다. 내가 우선순위를 두고 시간과 재정, 열정을 기쁘게 희생하고 헌신할 수 있는 것이 내 삶의 가치인 것입니다.

현대적인 의미에서 우상을 정의한다면 내가 하나님보다 더 사랑하며 가치 있게 여기는 것이라 할 수 있습니다. 예배가 중요한 것은 하나님의 가치와 세상의 가치가 충돌을 일으키는 영적 전쟁터이기 때문입니다. 예배는 내가 무엇을 내 삶의 가치로 삼고 섬길 것인가를 결정하는 자리이며, 가치는 우리 삶의 의미와 방향, 우선순위를 결정하는 기준입니다.

우리는 모두 삶에서 시간과 열정, 사랑과 헌신을 요구하는 일을 매일 대면하며 살고 있습니다. 무엇에 우리의 시간과 사랑을 쏟고 있는지를 점검해 보십시오. 우리는 반드시 자신이 가치 있다고 여기는 것에 시간과 삶을 드리고, 그 가치를 예배하고 있을 것입니다.

마태복음 13장 44절 말씀에서 보화를 발견한 사람이 자신의 모든 소유를 팔아 밭을 샀던 것처럼, 예배는 우리인생 최고의 가치(보물)되신 예수님을 발견한 사람의 자발적인 희생과 헌신이며 우리의 삶 전부를 드리는 것입니다.

개인예배

나 무엇과도 주님을(E key)
이 땅에 오직(E key)

적용 기도

> 중요한 일에 시간을 내는 것이 아니라
> 시간을 내는 일이 중요한 일입니다.

내 삶에서 하나님보다 더 사랑하고 가치 있게 여기는 것이 무엇인지 점검하고, 하나님을 향해 높아진 것을 쳐서 굴복시키고 하나님만이 내 삶의 최고의 가치 되심을 증거 하는 삶 살겠습니다.

제 6 장

첫번째 갈망

하나님을 만나지 못한 사람의 갈망

하나님이여 사슴이 시냇물을 찾기에 갈급함같이
내 영혼이 주를 찾기에 갈급하니이다 시 42:1

우리 안에는 하나님을 만나기 전에는 결코 채워질 수 없는 갈망이 있습니다. 이 갈망은 모든 인류의 공통분모 입니다. 그렇기 때문에 하나님을 만나지 못한 사람들은 그 마음에 공허함을 채우기 위해 누군가 또는 무엇인가를 끊임없이 추구하며 갈망하게 되는 것입니다. 영국의 저명한 목회자요 신학자인 J. B 필립스(J.B.Phillips)는 이렇게 말했습니다.

> 모든 사람의 마음에는 하나님 모양의 공간이 존재하는데
> 오직 하나님만이 그곳을 채우실 수 있다.[1]

우리가 한 가지 기억해야 할 것은 우리가 추구하고 갈망하는 대상이 예배의 대상이 될 수 있다는 것입니다. 감히 하나님과 비교할 수 있는 예배의 대상은 존재할 수 없지만 어리석게도 인간 스스로 만들어낸 예배의 대상이 존재 할 수 있다는 것입니다.

예배를 현대적인 의미로 대체할 수 있는 단어를 찾는다면 "중독"을 얘기 할 수 있습니다. 중독은 영적인 우상숭배로 하나님으로 채워야 할 우리마음의 빈 공간을 하나님 아닌 다른 것으로 채우려는 영적대치물이라고 할 수 있습니다.

우리는 모두 무엇인가를 추구하며 갈망하고 있는데, 자신의 만족과 기쁨을 얻기 위해 선택한 대상이나 일을 추구하면 추구할수록 만족과 기쁨을 얻는 것이 아니라 더 큰 공허함과 목마름을 갖게 되고, 어느 선을 넘어서게 되면 자신이 선택하고 추구한 것에 노예가 되는 것을 볼수 있습니다.

> 중독은 갈망(Craving)으로 시작한다.
> 이것은 통제력 상실(Control Loss)로 이어지고,
> 그 결과는 지속적인 사용(Continuing Use)을 낳는다. [2]

예전에 중독이란 사회악적인(마약, 알코올, 도박) 의미로 이해됐었습니다. 하지만 현대인에게 중독은 아주 일상적인 것이 되었습니다. 사회학자가 진단할 때 사람들은 모두 한두 가지 이상에 중독되어 있다고 말합니다. 스마트폰 중독, 일중독, 텔레비전중독, 게임중독, 쇼핑중독 등 우리 삶에서 은밀하게 즐기고 있는 쾌락적인 요소에 중독되어 있는 것입니다.

하나님 아닌 다른 것에서 만족과 기쁨을 구하는 인간의 추구가 결국 중독을 만들어 내는 것입니다. 자신의 만족을 위한 추구가 중독을 만들어내는 이유는 이 세상에 어떤 것도 우리를 진정으로 만족시킬 수 없고, 우리 영혼의 공허함을 채울수없기 때문입니다.

성 어거스틴은 이렇게 말했습니다.

> 주여, 당신은 스스로를 위하여 우리를 만드셨사오며
> 우리 마음은 주님 안에서만 안식을 발견하나이다. ₃

중독이 하나님으로 채워야 할 공간을 하나님 아닌 다른 것으로 채우려는 대치물이라고 할 때, 진짜 중독은 하나님께 중독되는 것입니다. 하나님만이 우리에게 진정한 만족과 기쁨을 주시는 유일한 분이기 때문입니다.

개인예배

목마른 사슴(D key)
오직 주의 사랑에 매여(D key)

적용 기도

하나님의 진리만이 나를 자유하게 하며 그 안에 참된 만족과 기쁨이 있음을 믿습니다. 오늘 하루도 오직 하나님의 사랑에 매여, 그 분의 임재 안에 갇혀 하나님 한 분을 갈망하는 삶을 살겠습니다.

제 7 장

하나님을 참으로 만난 사람의 갈망

하나님이여 주는 나의 하나님이시라 내가 간절히 주를 찾되
물이 없어 마르고 황폐한 땅에서 내 영혼이 주를 갈망하여
내 육체가 주를 앙모하나이다   시63:1

진정한 갈망은 강요될 수 없습니다. 그것은 인생에서 최고의 가치, 진짜를 만난 사람들 안에 일어나는 본능이며, 자연스러운 마음의 흐름입니다. 기억해야 할 것은 진짜를 만나지 않았다면 갈망자체가 존재 할 수 없다는 것입니다.

예를 들어서 당신이 좋아하는 음식이 있는데, 그 음식을 진짜 원조식당에서 맛보게 되면 다른 식당에서 같은 메뉴의 음식을 먹으면서 절대 만족 할 수 없는 갈망을 갖게 될 것입니다. 진짜를 경험한 사람은 그 음식에 대한 새로운 기준이 생기고, 적당한 것에 만족할 수 없는 갈망을 갖게 되는 것입니다.

성경에서 말하는 갈망이 바로 이와 같은 것입니다. 하나님을 참으로 만난 사람의 삶에는 하나님을 향한 갈망이 있습니다. 존 파이퍼는 「나의 기쁨, 하나님의 영광」에서 '탐심의 반대는 만족이다' 라고 말하고 있습니다. 이 말의 의미는 우리 안에 끊임없이 일어나는 탐심은 하나님 안에서 진정한 만족을 경험하지 못했기 때문이며, 하나님 안에서 진정한 만족(진짜)을 경험하면 우리 안에 일어나는 탐심(세상의 가치)은 더 이상 우리를 유혹할 수 없다는 것입니다.

세상의 가치는 상대적인 것입니다. 더 크고 센 것을 만나면 이전의 가치는 의미를 잃게 되는 것입니다. 그렇기 때문에 사도 바울은 자신의 인생에서 최고의 가치 되신 예수님을 만난 후 자신의 삶에 유익했고, 자랑거리로 삼았던 모든 것을 배설물과 같이 버릴 수 있었습니다.

하나님 안에서 진정한 기쁨과 만족, 참된 가치를 발견할 때 우리는 하나님 한분만을 갈망하게 될 것입니다. 하나님만이 우리의 갈망을 채울 수 있는 유일한 분이기 때문입니다.

개인예배

이 땅에 오직 주 밖에 없네(F key & G key)
소원/ 주님 내가 주의 장막을(G key)

적용 기도

빛이 임하면 어둠이 떠나가는 것처럼, 진짜를 만나면 거짓은 힘을 잃고, 삶의 모든 혼돈은 안개처럼 사라집니다. 하나님 안에서 발견한 참된 가치와 기쁨은 이 세상의 어떤 것과도 바꿀 수 없습니다. 하나님 한 분을 향한 목마름, 배고픔, 갈망을 계속해서 부어 주시옵소서.

제 8 장

우리는 예배하는 존재로 지음 받았습니다

예배하는 대상을 닮게 됩니다

우상들을 만드는 자들과 그것을 의지하는 자들이
다 그와 같으리로다 시115:8

미국에서 목회자들의 목회자로 존경과 신망을 받고 있는 잭 헤이포드(Jack Hayford) 목사는 그의 책 "경배(Worship His Majesty)"에서 이렇게 이야기 하고 있습니다.

> 사람은 본질적으로 예배자이다.
> 우리가 인정하든 하지 않든, 우리가 애정을 쏟는 대상을
> 엄격한 의미에서 신이라고 생각하든 하지 않든 간에
> 우리는 모두 무언가를 예배하고 있다. [1]

사람들은 모두 무엇인가를 예배하고 있습니다. 하나님께서 우리를 예배하는 존재로 지으셨기 때문입니다. 원시적인 아마존 밀림에서 최첨단 문명을 자랑하는 미국 대도시에 이르기까지 예배가 존재하지 않는 곳은 없습니다. 그것이 종교적인 형태를 띠든 그렇지 않든, 우리 삶에서 우선순위를 두고 애정을 쏟는 대상을 예배하고 있는 것입니다.

우리가 예배하는 존재로 지음 받았다고 할 때 중요한 것은 예배의 대상입니다. 무엇을 예배하는가에 의해 우리의 운명이 결정될 수 있기 때문입니다. "사랑하면 닮는다." 말이 있는데, 우리는 예배하는 대상을 사랑하고 닮아가는 것입니다.

예를 들어 사랑하는 부부의 모습에서 서로를 닮아있는 모습을 볼 수 있는데, 그 이유는 사랑하는 대상을 바라보고, 관심을 쏟고, 함께 시간을 보내기 때문입니다. 우리는 사랑하고 가치 있다고 여기는 존재나 대상을 예배하고 있으며, 결과는 그 대상을 닮아가는 것입니다.

> 돈을 경배하면 당신은 욕심 많은 사람이 될 것이다.
> 섹스를 경배하면 당신은 음탕한 사람이 될 것이다.
> 권력을 경배하면 당신은 뇌물을 좋아하는 사람이 될 것이다.
> 예수님을 경배하면 당신은 그리스도를 닮은 사람이 될 것이다.
> 우리는 자신이 경배하는 대상처럼 될 것이다. ₂

개인예배

예수로 나의 구주 삼고(D key)
내 평생 사는 동안(D key)

적용 기도

　나의 창조주, 구원자이신 하나님, 하나님 한 분만이 나의 예배의 대상이심을 믿고 선포합니다. 나의 생각과 의식이 하나님을 향하고 예배함으로 하나님의 비전과 가치를 품고, 하나님을 닮고 삶으로 하나님을 증거 하는 삶을 살겠습니다.

제 9 장

예배는 하나님을 위한 것입니다

코람데오(Coram Deo)/ 하나님 앞에서

나는 여호와이니 이는 내 이름이라 나는 내 영광을 다른 자에게, 내 찬송을 우상에게 주지 아니하리라 사42:8

"찬양으로 가슴 벅찬 예배(Exploring Worship)"의 저자 밥 소르기 목사의 예배 세미나에서 있었던 이야기입니다. 세미나에서 밥 소르기 목사를 만났을 때 그는 성대(목소리)를 잃어버린 상황에서 입 모양으로 소리를 내고 있었습니다.

밥 소르기 목사는 하나님이 자신을 찬양과 경배사역으로 열방을 섬기도록 부르셨는데, 더 이상 노래를 할 수 없게 되었을 때 처음에는 하나님께 "주님 제 노래가 잘못되었습니까 왜 제 목소리를 가져가셨습니까"라고 따지며 하나님을 원망했다고 했습니다. 어찌할 바를 모르던 밥 소르기 목사에게 하나님은 평안으로 찾아오셨고, 이일을 통해 하나님께서 자신을 이전보다 더 깊은 만남 가운데로 부르셨다는 간증을 나누었습니다.

간증을 하던 중에 하나님을 찬양하겠다고 피아노로 향했는데 회중석에서 박수와 환호가 터져 나왔습니다. 그때 밥 소르기 목사가 한 말이 내 머리와 가슴을 뚫고 지나갔습니다. "이 음악은 여러분을 위한 것이 아닙니다. 하나님을 예배하기 위한 것입니다." 이 모임에서 전 평생 잊지 말아야 할 진리를 발견했습니다. 예배가 하나님을 위한 것이라는 것을…

그 동안 나의 기쁨과 만족을 구하며 드려졌던 수많은 예배에서 잃어버린 보물을 다시 찾은 것입니다.

예배가 하나님을 위한 것이라면, 나에게 익숙하고, 편한 예배가 아니라 하나님께서 마땅히 받으셔야 할 예배에 나를 맞춰야 합니다.

예배사역을 하면서 우리는 눈에 보이지 않는 하나님과 눈에 보이는 성도를 동시에 바라보며 나아가는데, 위험한 것은 하나님을 향한 초점을 놓치고 사람을 향하게 될 때입니다. 예배가 사람의 인정이나 반응을 이끄는 데 초점을 맞춘다면 그 예배는 타락한 예배가 되고 말 것입니다. 예배의 주인공은 하나님이며 하나님 한 분을 위한 것 입니다.

개인예배

나의 만족과 유익을 위해(C key)
주 예수 보다 더/ 찬송가(C key)

적용 기도

　예배의 주인공은 하나님입니다. 예배의 초점이 음악이나 사람에게 머물지 않고, 하나님을 향하도록 돕기 위해서는 예배를 섬기는 사역자가 먼저 예배자가 되어야 합니다. 예배를 섬기는 사역자가 한 사람의 예배자로 하나님을 향할 때 성도들은 사람을 보지 않고 예배사역자가 바라보는 하나님을 향하게 되는 것입니다. 예배와 삶의 자리에서 나의 주인 되신 하나님을 인정하고, 먼저 예배자로 하나님을 인정하고 높이고 증거하겠습니다.

제 10 장

내 평생의 소원 하나님을 알아가는 것

하나님을 아는 만큼 예배할 수 있습니다

그러므로 우리가 여호와를 알자 힘써 여호와를 알자
그의 나타나심은 새벽 빛 같이 어김없나니
비와 같이, 땅을 적시는 늦은 비와 같이
우리에게 임하시리라 하니라 호6:3

예배에서 하나님을 아는 것이 중요한 이유는 하나님을 아는 것이, 참된 예배의 재료가 되기 때문입니다. 우리는 하나님을 아는 만큼 예배할 수 있습니다. 예배의 깊이는 하나님을 알고 경험한 깊이에서 결정됩니다. 여기에서 '안다'는 말은 하나님에 대한 지식이나 정보가 아니라 관계를 의미하는 것입니다.

예를 들어 자신이 좋아하는 대상이 있다고 할 때 우리는 여러 매체를 통해 그 사람에 대한 정보를 얻을 수 있을 것입니다. 하지만 정보를 알고 있다는 것이 그 대상을 안다고 할 수는 없습니다. 안다는 것은 대상을 만나 보았는가, 대상과 어떤 관계를 맺고 있는가 하는 것입니다.

하나님과의 관계도 마찬가지입니다. 하나님을 안다는 것은 하나님과 만나 인격적인 교제를 나누고 생명의 관계를 맺고 있다는 것을 의미하는 것입니다.

참된 예배를 드리기 위해서는 하나님을 알아야 합니다. 하나님을 알기 위해서는 말씀을 읽어야 합니다. 말씀은 영적인 양식으로 밥을 먹지 않고 살 수 없는 것처럼, 영적인 생명을 유지하기 위해서는 반드시 성경을 읽어야 합니다. 기도해야 합니다. 기도는 영적인 호흡으로 숨을 쉬지 않고 살 수 없는 것처럼 하나님과의 교제에서 필수적인 요소입니다. 말씀묵상을 해야 합니다. 묵상을 통해 말씀이 내 삶의 실제가 되고, 나의 의식을 사로잡도록 되새김질하는 것입니다. 이런 과정을 통해 우리는 하나님을 더욱 깊이 알아가게 됩니다.

"주님을 더욱"이란 노래가 있습니다. 이 노래의 가사를 보면 모든 예배자가 평생 품어야 할 귀한 고백을 담고 있는데, 주님을 더욱 알기 원한다는 이 고백이 하나님을 예배하는 모든 예배자들의 중심의 고백이 되기를 간절히 소망합니다.

개인예배

내 생애 가장 귀한 것 주 앎이라(E key)
주님을 더욱 알기 원하네(E key & F key)

적용 기도

　날마다 자녀 된 우리 삶에 찾아오셔서 하나님을 계시하시고 사랑을 속삭이시는 하나님, 제 안에 지혜와 계시의 영을 부어 주셔서 하나님을 알게 하시고, 더 깊이 하나님을 알고자 하는 갈망을 일으켜 주시옵소서. 하나님을 알기 위해 삶의 자리에서 하나님과 대화하며 친밀함을 누리는 삶을 살겠습니다.

제 11 장

예배는 우리의 기쁨이자 특권입니다

사랑이 예배의 동력입니다

온 땅이여 여호와께 즐거운 찬송을 부를지어다.
기쁨으로 여호와를 섬기며 노래하면서
그의 앞에 나아갈 지어다. 시100:1, 2

언젠가 새벽에 잠에서 깨어 일어났는데 아내를 향한 사랑이 제 안에 뭉게뭉게 피어올랐던 날이 있었습니다. 아내를 향한 사랑이 마음 가득 차오르는데 어떻게 하면 아내를 기쁘게 해줄 수 있을까를 생각하다가 자리를 박차고 일어나 아침을 준비하기로 했습니다. 쌀을 씻어 밥을 짓고 냉장고에서 재료를 꺼내 찌개를 준비하는데 너무나 행복했습니다. 이 일을 통해 깨달은 것이 있습니다. 사랑하는 사람을 위한 희생과 헌신은 의무나 짐이 아니라 기쁨이고 특권이라는 것입니다.

하나님을 사랑하십니까? 사랑이 동기가 되지 않은 헌신(종교적 열심)의 최고봉은 율법이라는 산을 만들게 됩니다. 예배가 의무나 짐이 되고, 진부하고 따분한 형식의 반복이 되고 있다면 하나님을 향한 사랑이 식어지지 않았는지 자신을 점검해 봐야 합니다.

우리 예배가 계속해서 신선한 불로 타오르게 하는 유일한 동력은 하나님을 향한 사랑입니다. 하나님의 사랑을 알고 그 사랑에 반응하여 나아갈 때 우리는 자원함과 기쁨으로 하나님을 참되게 예배할 수 있는 것입니다.

"사랑하면 시인이 된다."는 말이 있습니다. 하나님을 사랑한다면 매일 매일 우리의 고백은 새로워질 것입니다. 영혼 없는 고백으로 노래하지 않을 것입니다. 그리고 사랑하는 대상을 감동시키기 위해 능동적으로 반응하며 창조적으로 나아가게 될 것입니다.

개인예배

주께 예배함이 기쁨됩니다(F key & G key)
주의 이름 높이며(G key)

적용 기도

  온 우주를 지으신 창조주 하나님, 나를 구원하시고 자녀 삼으신 하나님 아버지께서 생명의 교제가운데로 나를 부르셨습니다. 제 삶에 하나님께서 부어주신 사랑과 은혜로 말미암아 자원하는 마음과 기쁨으로 즐거이 주를 예배하게 하시고, 오늘도 하나님을 맛보고 누리는 복된 날 되게 해주시옵소서.

제 12 장

예배는 하나님 본부을 사랑받는것입니다

누구를 주인으로 삼고 있습니까?

이스라엘아 들으라 우리 하나님 여호와는
오직 유일한 여호와이시니, 너는 마음을 다하고 뜻을 다하고 힘을 다하여
네 하나님 여호와를 사랑하라 신6:4,5

참된 예배는 중립지대가 없으며, 내 삶의 주인이 누구이고 무엇을 섬길 것인가를 결정하는 자리가 되어야 합니다. 예수님은 한 사람이 두 주인을 섬길 수 없다고 말씀하셨습니다.

한 사람이 두 주인을 섬기지 못할 것이니 혹 이를 미워하고 저를 사랑하거나 혹 이를 중히 여기고 저를 경히 여김이라 너희가 하나님과 재물을 겸하여 섬기지 못하느니라 (마6:24)

"내가 주인삼은"의 가사를 묵상하다가 하나님께서 이 곡을 통해 한국교회에 예배가 무엇인지에 대해 말씀하고 계시다는 생각이 들었습니다.

내가 주인삼은 모든 것 내려놓고 내 주 되신 주 앞에 나가
내가 사랑했던 모든 것 내려놓고 주님만 사랑해

이 곡은 예배의 핵심이 무엇인지를 정확하게 보여주고 있습니다. 예배는 나의 삶의 주인, 내가 사랑하며 섬길 대상이 누구인지 결정하는 자리라는 것입니다. 내 삶의 주인, 사랑의 대상은 정확하게 예배의 대상과 일치하며 사람들은 자신이 주인삼은 대상을 예배하고 있습니다.

누군가를 사랑한다는 말은 나의 전 존재의 희생과 헌신의 무게를 갖고 있습니다. 적당한 사랑은 있을 수 없습니다. 사랑은 나눌 수 없으며, 전부를 쏟을 수 없다면 그것은 더 이상 사랑이 될 수 없습니다. 그렇기 때문에 사랑의 대상을 정한다는 것은 사랑의 대상 이외의 모든 가능성은 포기하는 대가를 요구합니다.

하나님을 사랑한다는 말은 이 세상 누구에게도 줄 수 없는 사랑, 내 마음 전부를 한 분이신 하나님께 드리는 것 입니다. 예배는 예수 그리스도가 내 삶의 주인이시며 우리가 사랑하며 섬길 유일한 하나님임을 인정하고 선포하는 자리입니다.

개인예배

내가 주인 삼은(G key)
경배하리 주 하나님(G key)

적용 기도

하나님 제 삶에서 주인 삼았던 모든 것을 이 시간 주님의 발 앞에 내려놓고 예수님만이 제 삶의 주인 되심을 선포합니다. 날마다 하나님의 사랑을 더 깊이 계시해 주셔서 그 사랑에 빠져 하나님 한 분 만을 바라보고 사랑하며, 하나님께 반응하는 삶을 살아가도록 저의 삶을 붙들어 주십시오.

제 13 장

감사는 하나님의 실존을 인정하는 신앙고백입니다

> 감사함으로 그의 문에 들어가며
> 찬송함으로 그의 궁정에 들어가서
> 그에게 감사하며 그의 이름을 송축할지어다 시 100:4

감사는 그리스도인의 영적 건강을 진단하는 시금석과 같은 것입니다. 건강한 그리스도인의 삶에는 감사가 있습니다. 감사가 메말랐다면 영적으로 병든 것이고 하나님과의 관계에 문제가 있는 것입니다.

예배에서 감사가 중요한 것은 감사가 하나님의 임재로 들어가는 문을 여는 열쇠이기 때문입니다. 성경은 하나님께 나올 때 감사함으로 그 문에 들어서라고 말씀하고 있습니다. 어떻게 우리의 창조주요 구원자 이신 하나님께 감사함이 없이 나아갈 수 있겠습니까?

감사는 대상을 전제하고 있습니다. 대상이 없다면 감사 자체가 존재할 수 없는 것입니다. 하나님을 향한 사랑과 열정이 식어지고, 예배의 감격을 잃어버렸다면 감사하십시오. 감사는 하나님의 실존을 인정하는 신앙고백이며 믿음의 행위입니다.

감사는 하나님의 성품, 하나님의 하나님 되심에 대한 반응입니다. 그 분의 변함없는 사랑, 날마다 새로운 자비와 선하심 그 자체가 감사의 제목 입니다. 모든 상황 속에서, 감사할 수 없을 때에도 감사할 수 있는 것은 하나님의 선하심을 신뢰하기 때문입니다.

자기중심적이고 이기적인 인간의 본성은 감사할 수 없는 존재입니다. 그리스도인의 감사는 인간의 죄성을 깨트리는 믿음의 행위입니다. 감사할 때 하나님은 우리를 하나님의 형상으로 변화시킬 것입니다.

성경은 "범사에 감사하라(살전5:18)"고 말씀하고 있습니다. 어떻게 모든 일에 감사할 수 있을까요. 그것은 하나님의 선하심을 신뢰하기 때문입니다. 하나님께서 범사에 감사하라고 하신 것은 없는 감사를 만들어 내라는 것이 아니라 이미 우리 삶에 감사의 재료를 주셨다는 것입니다.

현대인의 불행은 삶의 작은 감사를 잃어버린 것입니다. 언제부터인지 감사가 특별한 사건, 이벤트가 되었습니다. 감사는 이벤트가 아니라 삶 입니다. 삶의 작은 일에 감사하십시오. 삶의 작은 감사 하나하나가 모여질 때 우리는 깊고 넓은 감사의 바다를 경험하게 될 것입니다.

개인예배

찬양의 제사 드리며(D key & E key)
감사함으로 그 문에 들어가며(E key)

적용 기도

 일상의 작은 감사로 하나님을 인정하고 높이며 범사에 감사하겠습니다. 하나님을 신뢰함으로 하나님께서 베푸신 감사의 제목을 찾고, 감사할 수 없을 때에도 감사하며 하나님의 살아계심을 인정하고 선포하는 삶을 살겠습니다.

제 14 장

> 우리는
> 예배를
> 예배하지 않는다
> 하나님을
> 예배한다

본질과 비 본질/ 변하지 않는 것과 변하는 것

다윗이 미갈에게 이르되 이는 여호와 앞에서 한 것이니라
그가 네 아버지와 그의 온 집을 버리시고 나를 택하사
나를 여호와의 백성 이스라엘의 주권자로 삼으셨으니
내가 여호와 앞에서 뛰놀리라 삼하6:21

We Don't Worship Worship, We Worship God

이 표어는 현대적인 예배사역에서 모토로 삼을 만큼 중요한 메시지를 담고 있습니다. '우리는 예배를 예배하지 않는다.' 이 내용만 본다면 이게 무슨 말이지 하는 생각을 갖게 됩니다. 하지만 '우리는 하나님을 예배한다.'는 내용을 통해 우리는 이 표어가 무엇을 말하고 있는지를 이해 할 수 있습니다.

예배는 모든 세대와 다양한 문화, 상황 가운데 변하지 말아야 할 본질과 변하고 있는 비 본질이 있습니다. 예를 들어 형식이나 전통, 음악은 시대나 상황에 맞게 계속 바뀔 수 있습니다. 그것은 본질이 아니기 때문입니다. 하지만 하나님을 예배한다는 것은 영원히 변하지 않는 본질입니다.

지난 시간을 돌아보면 예배현장에 많은 변화가 있었음을 보게 됩니다. 예배에서 반응이 거의 없었던 사역 초기와 비교해 볼 때 요즘 젊은이들의 예배를 보면 일어서는 것이 어렵지 않고 열정적으로 뛰며 예배하는 모습도 흔히 보게 됩니다. 하지만 요즘 젊은 세대의 예배를 보면서 우려가 되는 것은 예배가 문화현상처럼 받아들여지고 있는 것입니다. 특정한 곡이 나오면 서로 약속이나 한 듯이 일어나고 뛰며 열정적으로 반응하고 있는데 문제는 반응의 이유, 무엇에 반응하고 있는가? 하는 것입니다.

열심히 뛰며 찬양하는 한 학생에게 이런 질문을 했다고 가정해 보겠습니다. '열정적으로 찬양하고 있는데 왜 뛰고 있는 건가요?' 이 질문에 이렇게 대답 했습니다. '이 곡 원래 뛰는 곡이에요'

만약 반응의 이유가 이 학생의 대답처럼 노래 때문이라면 그것은 예배가 될 수 없습니다. 예배에서 손뼉을 치고 일어나서 뛰거나 춤을 추는 다양한 반응이 있을 수 있는데, 그것이 진짜 예배인지 아닌지를 구분하는 기준은 "반응의 이유, 무엇에 반응하고 있는가" 하는 것입니다. 반응의 이유가 하나님이 아니라면 미안하지만 그것은 예배가 아닙니다. 진정한 예배는 하나님께 초점을 맞추고 하나님께 반응하는 것입니다.

우리는 형식을 예배하지 않는다.
우리는 전통을 예배하지 않는다.
우리는 하나님을 예배한다.

개인예배

마음의 예배(E key)
주 앞에 엎드려 경배합니다(E key)

적용 기도

　어떤 형식이나 전통에 굳어지지 않고, 내 경험에 하나님을 제한하지 않겠습니다. 하나님 본질을 붙잡고 진리 안에 거함으로 자유하게 하시고, 영적인 민감함과 열린 맘을 주셔서 하나님을 창조적으로 예배하는 예배자가 되겠습니다.

제 15 장

예배의 주인공은 하나님입니다

그는 흥하여야 하겠고
나는 쇠하여야 하리라 하니라 요3:30

콘서트가 사람을 드러내고 주목하게 하는 자리라면 예배는 하나님을 드러내고 주목하게 하는 자리입니다. 콘서트가 아티스트와 관중이 만나는 자리라면, 예배는 하나님과 회중이 만나는 자리입니다. 콘서트가 아티스트(가수나 뮤지션)에 반응하는 자리라면 예배는 하나님께 반응하는 자리입니다.

하나님을 예배할 때 예배와 콘서트를 구분하는 기준은 내 마음과 시선이 어디를 향하고 있으며, 무엇에 반응하고 있는가에 있습니다. 참된 예배는 사람이나 음악, 분위기에 대한 반응이 아니라 하나님 한분을 향해 반응하는 것입니다.

예배의 주인공은 하나님입니다. 그리고 예배를 섬기는 자리에서 우리가 할 수 있는 최선의 사역은 우리의 생명, 자랑, 기쁨의 이유되시는 하나님을 높이고 증거 하는 것입니다. 성도들이 하나님 한 분 만을 주목하도록 돕는 것입니다.

예배를 섬기는 사역자들이 항상 기억해야 할 것은 예배에 참석한 성도들이 눈에 보이는 사람이나 음악이 아니라 눈에 보이지 않지만 그곳에 실존하시는 살아계신 하나님을 인정하고 바라보며 나아가도록 돕는 것입니다.

정말 좋은 예배란 예배가 끝난 후 사람이 기억되지 않는 예배입니다. 하나님 한 분만 기억되며 하나님으로 충만한 예배입니다.

개인예배

예수로 나의 구주삼고/ 찬송가(D key)
그 크신 하나님의 사랑/ 찬송가(D key)

적용 기도

   하나님 앞에 설 때마다 예배의 주인공이신 하나님을 잊지 않고, 하나님을 인정하고 높이며 자랑하는 예배자로 나아가겠습니다. 온전히 하나님의 증인으로 계시의 통로로 저를 사용하여 주시옵소서.

제 16 장

교회가 살아있다는 증거입니다

"새 노래 곧 우리 하나님께 올릴 찬송을 내 입에 두셨으니
많은 사람이 보고 두려워하여 하나님을 의지하리로다. 시40:3

새 노래가 있다는 것은 교회가 살아 있다는 증거입니다. 살아계신 하나님께서 날마다 우리 삶에 새 일을 행하시기 때문에 우리는 새 노래로 하나님을 찬양할 수 있는 것입니다.

성경은 우리에게 새 노래로 하나님을 찬양할 것을 명령하고 있습니다. 새 노래로 하나님을 찬양한다는 것은 노래나 음악이 아니라 노래 속에 담긴 내용을 얘기하는 것입니다. 새노래로 찬양한다는 것은 삶에서 하나님의 선하심을 경험하고 우리의 심령이 새로워져서 고백하는 노래를 말하는 것입니다. 이것은 마치 우리가 수없이 보았던 성경말씀이 어느 날 나를 향한 하나님의 말씀으로 새롭게 경험되는 것과 같은 것입니다.

오늘 내가 고백하는 노래를 통해 하나님을 높이고 증거하며 하나님을 만나고 있습니까? 수많은 노래를 부르고 있지만, 그 노래가 공허한 외침에 그치는 이유는 내가 고백하는 찬양의 가사가 나의 고백, 나의 믿음, 나의 실제가 되지 않기 때문입니다. 평범한 노래가 삶을 관통할 때 그 노래는 삶의 무게를 담은 새 노래가 되는 것입니다.

내 안에 믿어지지 않는 진리는
더 이상 진리가 될 수 없습니다.
나를 설득 할 수 없는 메시지는
성도들을 설득 할 수 없습니다.

현대를 사는 그리스도인의 사명이 있다면 새 노래로 하나님을 찬양하는 것입니다. 과거의 하나님을 추억하는 것이 아니라 오늘 내 삶에 살아계셔서 역사하시는 하나님을 현재진행형으로 찬양하는 것입니다. 하나님은 우리의 마음과 고백이 일치된 진정한 고백을 기뻐하십니다.

개인예배

나 주님의 기쁨 되기 원하네(F key)
나는 주님을 찬양하리라(F key)

적용 기도

하나님 나의 입술의 모든 말과 나의 마음의 묵상이 삶의 무게를 담은 새 노래로 주님께 드려지는 한날 되게 하여 주시옵소서. 날마다 내 삶에 새 일을 행하시는 하나님의 선하심을 경험하고 노래이상의 고백, 믿음을 담은 새 노래로 하나님을 찬양하며 증거 하는 삶을 살겠습니다.

제 17 장

우리 예배는 축제가 되어야 합니다

자발적인 참여, 열정과 기대, 감동

이날은 우리 주의 성일이니 근심하지 말라
여호와로 인하여 기뻐하는 것이 너희의 힘이니라 하고 느 8:10

우리 예배는 축제가 되어야 합니다. 죄와 사망의 권세를 이기고 승리하신 예수님이 오늘 우리 안에 살아 계시기 때문입니다. 우리 예배는 예수님을 기념하고 추억하는 차원을 뛰어넘어 살아계신 예수님을 만나고 누리는 자리가 되어야 합니다.

축제를 생각하면 아직도 생생하게 떠오르는 장면이 있는데 2002년 월드컵 응원 장면이 그것입니다. 당시 시청과 광화문, 전국 곳곳에서 모여 응원했던 장면은 우리에게 영광스러운 예배의 그림을 보여주고 있습니다. 하나님께서 이 땅에 진정한 부흥을 허락하신다면 아마 수십만, 수백만의 사람들이 광장과 도시 곳곳에서 이와 같이 하나님을 예배하게 될 것입니다.

미국 패션사역의 창시자 루이 기글리오는 이렇게 말했습니다.

사실, 우리는 가장 순수한 형태의 경배를 교회 밖에서 찾아볼 수 있다. 이런 경배는 하나님에 대해 언급하지도 않는다. 콘서트나 가까운 운동경기장에 가서 경기를 관전해보라. 놀라운 경배의 현장을 목도할 것이다. 사람들은 모두 완전히 심취해 있다. 우리는 그들이 손을 들고, 흥겨워 소리를 지르며, 심지어

경외심에 사로잡히기도 하고, 또 자신을 헌신할 양 충성을 다하는 모습도 볼 수 있다. 재미있는 사실은 이러한 형태들은 바로 성경에서 말하고 있는 경배의 형태와 같다는 점이다. 즉 하나님은 우리가 이러한 형태와 표현들로 그분에 대한 경외심을 표하기 원하신다. ₁

몇 년 전 유럽을 다녀오면서 이런 얘기를 들었습니다. '유럽에서 축구는 종교다.' 그들에게 축구는 단순히 스포츠의 범주를 뛰어넘어 예배행위가 되고 있는 것입니다.

만약 축구의 신이 있다면 월드컵 응원현장은 마음을 다하고, 성품을 다하고, 힘을 다하여 예배하는 예배자의 모습을 우리에게 보여주는 것입니다. 월드컵 4강이 우리나라를 축제로 이끌었다면 예수님의 부활과 승리는 주님의 몸 된 교회와 온 우주에 진정한 승리와 생명의 축제를 허락하신 것입니다.

예전에 함께 예배를 섬기는 콰이어(성가대)에게 했던 말이 있습니다. '하나님을 기뻐하십시오. 예배를 섬길 때 여러분이 기쁨을 소유하고 있다는 것 자체가 거룩한 봉사가 될 수 있습니다.' 우리예배가 축제 될 수 있는 것은 축제의 주인공이신 예수님, 죄와 사람의 권세를 이기고 승리하신 예수님이 오늘 우리 안에 살아 계시기 때문입니다.

개인예배

이 날은 주가 지으신 날(D key & E key)
우리 함께 기뻐해(E key), 주 예수 기뻐 찬양해(E key)
예수 주 승리하심 찬양해(G key)

적용 기도

　죄와 사망의 권세를 이기시고 승리하신 예수님께서 우리안에 살아계심을 믿습니다. 부활하신 예수님이 나의 삶에 주인 되심을 인정합니다. 나의 삶을 다스리시고, 주님을 기뻐하며 찬양하고 증거 하는 삶을 살겠습니다.

예배묵상

예배자의
삶이란?
하나님을 인정하고
경외하는
삶 입니다

2부

예배와 삶

제 18 장

삶이 예배가 되는 24시간 365일 예배자

그러므로 형제들아 내가 하나님의 모든 자비하심으로 너희를 권하노니
너희 몸을 하나님이 기뻐하시는 거룩한 산 제물로 드리라
이는 너희가 드릴 영적 예배니라 롬 12:1

우리가 매주 교회에서 드리고 있는 공예배가 구조적으로 갖고 있는 문제는 삶과 예배의 갭을 얘기 할 수 있습니다. 일상의 삶에서 하나님과 교제하다가 예배의 자리에 나온다면 우리는 노래 한 곡을 통해서도 얼마든지 하나님의 임재가운데 들어갈 수 있을 것입니다. 하지만 하나님과 교제 없이 살던 삶에서 예배의 자리에 나온다면 예배는 결코 쉽지 않을 것입니다. 삶과 예배가 단절되어 있기 때문입니다.

가장 이상적인 것은 예배가 삶이되고 삶이 예배가 되는 선순환 구조를 만드는 것입니다. 예배에 생명을 불어넣는 가장 좋은 재료는 삶입니다. 삶에서 하나님을 만나고 경험한 깊이로 예배하고, 예배에서 만난 하나님이 우리의 모든 삶에 살아계심을 인정하며 삶으로 예배하는 예배자의 삶을 사는 것입니다.

참된 예배자가 되기 위해 그리스도인이 반드시 정복해야 할 영적인 전쟁터는 삶입니다. 하나님은 종교인(선데이 크리스천)이 아니라 예배자(삶의 예배자)를 찾고 계십니다.

이것이 가능한 것은 우리가 예배에서 만나고 있는 하나님이 특정한 장소(교회)와 시간(공 예배)에 제한되지 않고, 우리의 모든 삶에 살아계시기 때문입니다.

개인예배

나의 모습 나의 소유(F key)
나의 몸을 산제사로(G key)

적용 기도

　사랑하는 주님 나의 삶을 주님께 산 제물로 올려 드립니다. 나의 생각, 시선, 언어, 걸음, 감각, 시간, 열정을 주님의 보혈로 덮어 주시고, 하나님의 은혜로 채워 주시옵소서. 삶에서 하나님을 인정하며 예배자로 살겠습니다. 삶에서 하나님을 만나고 경험한 삶의 무게로 예배하는 삶의 예배자가 되게 하여 주시옵소서.

제 19 장

삶의 예배자로 산다는 것

하나님과 연합하여 동행하는 삶

볼찌어다 내가 문밖에 서서 두드리노니 누구든지 내 음성을 듣고
문을 열면 내가 그에게로 들어가 그로 더불어 먹고,
그는 나로 더불어 먹으리라 계3:20

예배자로 산다는 것은 우리의 가치와 우선순위, 우리의 삶에 예수님이 주인 되는 삶, 그 분의 주권과 다스림 가운데 살아가는 것을 의미하는 것입니다. 예수님은 포도나무와 가지의 비유를 통해 이렇게 말씀하셨습니다.

> 나는 포도나무요 너희는 가지라 그가 내 안에
> 내가 그 안에 거하면 사람이 열매를 많이 맺나니
> 나를 떠나서는 너희가 아무 것도 할 수 없음이라 (요15:5)

예배자의 삶은 우리가 공예배로 모이는 일주일의 몇 시간을 얼마나 놀랍게 하나님을 감동시킬 것인가에 있지 않습니다. 예배는 쇼가 아닙니다. 예배는 하나님을 향한 추구이며, 우리 중심에서 일어나는 갈망입니다. 내가 사랑하고 기뻐하는 것, 내 중심이 무엇을 향하고 있는지를 증거하는 자리입니다.

성경이 말하는 예배는 우리의 삶 전부입니다. 삶의 예배는 영적전쟁의 최전선에 서는 것이며 우리 삶에 전면전을 선포하는 것입니다. 삶의 자리에서 하나님의 실존을 인정하고, 하나님께 반응하며 하나님 앞에서 살아가는 것입니다. 하나님과 대화하며 그 분의 음성에 귀 기울이고, 모든 선택과 결정에 하나님께서 개입하시도록 우리 삶의 자리를 내어드리는 것입니다.

우리가 하나님을 사랑한다면 일주일에 예배시간만, 하루 중 경건의 시간만 그 분을 만나고 싶어 하지 않을 것입니다. 누군가를 사랑하게 된다면 우리 마음은 온통 사랑하는 사람을 향하게 될 것입니다. 생각하려고 애쓰지 않아도 온통 그 사람이 당신의 마음을 채우게 될 것입니다. 사랑의 대상인 주님과 함께 살아가며 예배로 삶을 물들이게 될 것입니다.

개인예배

주님의 그 모든 것이(A key)
그 이름/ 아침이 밝아 올 때에(A key)

적용 기도

 현대인에게 스마트 폰은 필수품이 되었습니다. 만약 집을 나서다가 폰을 놓고 나온 것이 생각난다면 바로 집으로 돌아가 폰을 챙길 것입니다. 폰이 자신의 삶에 실제이며 유용한 것이기 때문입니다. "휴대폰을 갖고 다니는 것 만큼만 하나님과 동행할 수 있다면 우리 삶은 결코 평범할 수 없을 것입니다."

 성령하나님 제 삶에 성령님이 필요합니다. 휴대폰보다 성령님이 제 삶에 더 실제이며, 도움 되심을 선포합니다. 살아계신 하나님과 동행하며 하나님 앞에선 삶의 예배자로 살아가겠습니다.

제 20 장

예배전쟁

무엇을 보고, 듣고, 생각하는가

이 세상이나 세상에 있는 것들을 사랑하지 말라 누구든지 세상을 사랑하면
아버지의 사랑이 그 안에 있지 아니하니 이는 세상에 있는 모든 것이
육신의 정욕과 안목의 정욕과 이생의 자랑이니
다 아버지께로부터 온 것이 아니요 세상으로부터 온 것이라 요일 2:15,16

예배전쟁의 원초적인 싸움은 내가 무엇에 가치를 두고, 갈망하며, 마음을 열고 있는가? 에서 시작됩니다. 우리는 모두 자신이 가치 있다고 여기는 것을 바라보고, 귀 기울이며, 마음을 열고, 그것에 반응하며 살고 있습니다. 중요한 것은 바로 이 지점에서 예배전쟁이 시작된다는 것입니다.

오늘날 사탄은 우리의 눈과 귀, 생각을 사로잡고 있습니다. 버스나 지하철을 보면 스마트 폰이 사람들의 눈과 귀를 온통 사로잡고 있는 것을 쉽게 볼 수 있습니다. 이 시대를 사는 사람들의 불행은 세상(육신의 정욕, 안목의 정욕)에 빠져 하나님을 향한 진지한 생각을 잃어버리고, 하나님에 대해 무지하고 무관심하며 무감각하게 살아가고 있는 것입니다.

> 우리 시대의 보통 사람들이 보는 능력을 상실하는 이유는, 볼 것이 너무 많기 때문이다.[1]

삶과 예배의 자리에서 하나님이 최고의 가치, 기쁨, 만족이 되지 않는다면 예배는 결코 치열한 전쟁터를 벗어날 수 없을 것입니다.

당신은 무엇을 보고, 귀 기울이며, 생각하고 있습니까? 예배는 결국 내가 무엇을 보고, 들으며, 생각하는가에 대한 싸움입니다. 바로 여기에서 승부가 결정됩니다.

그러므로 함께 하늘의 부르심을 받은 거룩한 형제들아 우리가 믿는 도리의 사도이시며 대제사장이신 예수를 깊이 생각하라 (히3:1)

믿음의 주요 또 온전하게 하시는 이인 예수를 바라보자 그는 그 앞에 있는 기쁨을 위하여 십자가를 참으사 부끄러움을 개의치 아니하시더니 하나님 보좌 우편에 앉으셨느니라
(히12:2)

개인예배

세상 권세 멸하시려(D key)
오소서 진리의 성령님/ 부흥 2000(D key)

적용 기도

아침에 일어나서 습관적으로 스마트 폰이나 텔레비전을 켤 때가 있습니다. 이것은 스마트 폰이나 텔레비전에 마음을 열고, 그 메시지를 듣는 것입니다. 스마트 폰이나 텔레비전을 통해 전달되는 그 날의 날씨, 차량의 흐름, 환율 등 유용하다고 생각하는 정보를 찾는 것입니다.

삶에서 유용한 정보를 얻기 위해 스마트 폰이나 텔레비전을 보고 있다면 우리가 영적으로 승리하는 삶을 살기 위해서 하나님의 음성을 듣는 것은 얼마나 중요할까요. 예배인도자 앤디 팍의 강의 내용 중 승리하는 삶을 위해서는 '매일 매일 하나님의 진군 명령을 들어야 한다고 얘기하고 있습니다.' 승리하는 삶을 위해서는 매일 첫 시간을 하나님께 드리며 내 생각, 내 시선을 하나님께 고정하고, 그 분의 음성에 귀 기울이며 주님과 동행해야 합니다. 하나님 안에 참된 생명이 있기 때문이다. 주님 제 마음의 문을 활짝 엽니다. 제 삶의 보좌에 좌정하여 주시옵소서. 주님과 동행하며 승리하는 복된 날 되게 하여 주시옵소서

제 21 장

금식이란 내영혼에 하나님 자리를 마련하는 것

하나님의 자리를 차지하고 있는 세상의 것을 비워내는 것

하늘에서는 주 외에 누가 내게 있으리요 땅에서는 주 밖에
나의 사모할 자 없나이다. 내 육체와 마음은 쇠잔하나
하나님은 내 마음의 반석이시오. 영원한 분깃이시라   시73:25,26

매년 고난 주간이 되면 주님의 고난에 조금이나마 동참하는 의미로 '금식'을 했던 기억이 있습니다. 언젠가 고난 주간에 인터넷 금식을 하겠다는 글을 본 적이 있는데, 인터넷 금식은 현대인에게 금식의 의미를 더 실제적으로 적용한 예라고 할 수 있습니다.

실제 예전에 앨범을 준비하면서 예배 팀 멤버들에게 한 달간 텔레비전 금식을 제안했는데, 하루에 2시간가량 게임을 하는 멤버가 게임을 금식 하겠다고 했고, 늘 가방에 콜라가 떨어지지 않는 멤버가 있었는데 이 기간에 콜라를 금식하겠다고 했습니다.

금식이란, 우리 내면에서 하나님이 차지하고 싶어 하시는 공간을 대신 채우고 있는 것을 금하는 것이라고 나는 정의 내리고 싶다. 어떤 우상이든 금식의 대상이 될 수 있다. 텔레비전, 이메일, 음식 등. 금식의 핵심은 현재 모습 그대로의 삶에서 한 발짝 물러서서, 삶이 어떤 모습이 될 수 있는지를 생각해 보는 것이다.[1]

우리 일상에 편리함과 유용함으로 다가와 있는 것들이 오히려 하나님의 자리를 차지하고 우리 영혼을 황폐하고 메마르게 하고 있습니다. 하나님 아닌 것에서 만족을 구하는 우리 내면의 갈망이 우리 안에 우상을 만들고 있는 것입니다.

금식이란 우리 일상의 삶에 하나님으로부터 오지 않은 분주함과 생각의 쓰레기를 청소하는 것으로, 하나님과의 관계를 가로막고 있는 세상의 끈을 끊어내고 우리 안에 하나님의 자리를 만드는 것입니다.

개인예배

주는 나의 힘이요/ 하늘 위에 주님 밖에(A key)
주 이름 찬양(A key)

적용 기도

'나의 만족과 유익을 위해 가지려 했던 세상일들 이젠 모두 다 해로 여기고 주님을 위해 다 버리네. 내 안에 가장 귀한 것 주님을 앎이라(그래함 캔드릭 Knowing You 가사)', 하나님으로 부터 오지 않은 모든 것을 내려놓고 내 삶에 하나님의 자리를 만들고 하나님으로 만족하는 삶을 살겠습니다.

제 22 장

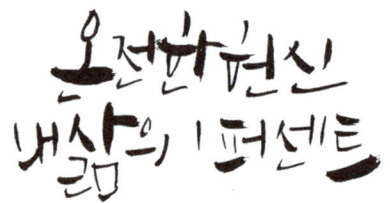

최고의 경배는 전부를 드리는 것입니다

내가 또 주의 목소리를 들으니 주께서 이르시되 내가 누구를 보내며
누가 우리를 위하여 갈꼬 하시니 그때에 내가 이르되
내가 여기 있나이다 나를 보내소서 하였더니 사6:8

하나님께 드리는 온전한 헌신을 방해하는 장애물은 "하나님에 대한 불신앙"에서 비롯된 것입니다. 하나님을 신뢰하지 않기 때문에 100% 온전한 헌신을 할 수 없는 것입니다. 우리 삶에서 온전한 헌신을 가로막는 것은 내가 움켜쥐고 있는 삶의 주도권, 하나님께 내어드리지 않은 1%의 불신앙입니다. 우리는 하나님께 "하나님, 99%를 드리지 않았습니까? 그러니 남은 1%는 제가 원하는 대로 하도록 해주십시오."라고 주장합니다. 그러나 하나님은 그런 요구에 절대 타협하시지 않습니다. 99%의 헌신은 온전한 헌신이 될 수 없기 때문입니다.

참된 헌신(사역)은 내가 원하는 일이 아니라 하나님이 원하시는 일을 순종하여 따르는 것입니다. 이 세상을 변화시키는 능력은 1%를 하나님께 드린 사람, 하나님의 사랑에 사로잡혀 100%를 온전하게 드린 사람을 통해 그 분의 역사를 이루시는 것입니다.

제가 성경에서 발견한 최고의 경배는 이사야 6장에서 '누가 나를 위하여 갈꼬' 라는 하나님의 부르심에 '내가 여기 있습니다. 나를 보내소서' 라고 고백한 이사야의 헌신이었습니다.

참된 예배는 우리 삶을 변화시키는 구체적인 헌신의 자리로 우리를 인도합니다. 예배를 통해 하나님의 마음을 발견하고, 하나님께 내 삶의 주도권을 내어드리고 그 분을 뜻을 좇는 것입니다. 이것이 온전한 헌신이며 하나님을 영화롭게 하는 최고의 경배입니다. 머리가 아닌 삶의 순종은 이 땅의 모든 이론을 파하는, 이 세상의 어떤 외침보다 강력한 언어를 만들어 낼 것입니다.

개인예배

주님 내가 여기 있사오니(D key)
내게 있는 모든 것을/ 찬송가(D key)

적용 기도

  온전한 헌신은 내 삶의 주도권을 하나님께 드리는 것입니다. 하나님 나의 모든 삶이 하나님께 속했음을 고백합니다. 제가 생명처럼 붙잡고 있는 1%가 무엇인지 보여 주시고, 저를 인도하여 주시옵소서. 하나님이 기뻐하고 원하시는 길을 제가 순종하여 따르겠습니다.

제 23 장

우리는 모두
예배의 달인이
되어야 합니다

삶에서 빚어지는 예배의 달인

예수께서 이르시되 여자여 내 말을 믿으라
이 산에서도 말고 예루살렘에서도 말고
너희가 아버지께 예배 할 때가 이르리라 요4:21

그리스도인의 신앙생활은 예배로 시작해서 예배로 끝난다고 할 정도로 예배는 그리스도인의 삶의 핵심이며, 삶과 사역의 동력을 만드는 생명의 원천입니다. 거듭난 그리스도인이 정상적으로 예배에서 하나님과 생명의 교제를 나누며 자란다면 우리는 모두 예배의 달인이 되어야 합니다.

"생활의 달인"이라는 텔레비전 프로그램이 있습니다. 일반적으로 한 분야의 일을 하면서 전문성을 인정받을 때 우리는 프로라는 명칭을 붙이게 됩니다. 생활의 달인은 갖가지 직업을 가진 사람들이 자신의 영역에서 누구도 흉내 낼 수 없는 전문성을 통해 일하고 있는 모습을 방송국에서 찾아가서 검증하고 달인이라는 칭호를 주는 내용을 담고 있습니다.

생활의 달인이 우리에게 감동을 주는 이유는, 이 프로그램에 나오는 사람들이 특별한 사람이 아니라 우리 주변의 평범한 사람들이기 때문입니다. 평범한 일상의 삶에서 빚어진 비범함이 달인을 만드는 것입니다.

생활의 달인에서 우리가 배울 수 있는 중요한 원리가 있습니다. 그것은 일주일의 한두 번 드려지는 공 예배나 특별한 세미나가 달인을 만드는 것이 아니라 일상의 삶에서 반복되는 예배가 모여서 예배의 달인을 만든다는 것입니다.

모든 그리스도인이 예배의 전문가, 달인이 될 수 있는것은 하나님께서 우리를 삶의 예배자로 부르셨기 때문입니다. 우리가 삶의 예배자, 예배의 달인으로 살아갈 수 있는 비결은 계속 예배하는 것입니다.

마치 쉬지 않고 숨을 쉬어야 우리 생명이 유지되는 것처럼 계속 숨을 쉬는 것입니다. 예배가 삶이되고, 삶이 예배가 되는 예배자의 삶을 사는 것입니다. 하나님과 생명의 관계 안에 삶의 예배자로 살아간다면 우리는 모두 하나님의 마음에 합한 예배의 달인이 될 것입니다.

개인예배

해 뜨는데 부터(E key)
손을 높이 들고(E key)

적용 기도

생활의 달인에 출연한 사람들의 모습에서 발견되는 공통점은 자신이 하는 일에 자부심을 갖고 있고, 그 일을 즐기고 있다는 것입니다. 기독교 언어로 설명한다면 부르심의 자리에서 자신에게 맡겨진 일을 감사함으로 기쁘게 감당하고 있는 것입니다. 결국 예배의 달인이 되기 위해서는 삶을 예배로 채워야 합니다. 주님 나의 관심, 사랑을 주님 한 분께 드립니다. 예배가 삶이되고, 삶이 예배가 되는 예배의 달인으로 저를 세워주시옵소서.

제 24 장

예배자의 마음에 회복해야 할 마음의 언어

하나님은 마음의 언어를 원하십니다

백성들아 시시로 저를 의지하고
그의 앞에 마음을 토하라
하나님은 우리의 피난처 시로다   시62:8

사랑하는 사람들은 마음의 언어로 대화합니다. 언어가 단순해집니다. 복잡하게 자신을 꾸미려고 애쓰지 않습니다. 서로에게 있는 모습 그대로 두려움 없이 나아갑니다. 예배자는 하나님과 마음의 언어로 대화하는 사람입니다.

하나님의 마음에 합한 사람 다윗은 시편에서 자신의 기쁨, 슬픔, 불안, 고통 등 우리 삶에서 경험될 수 있는 다양한 정서를 어린아이처럼 하나님 앞에서 토해낸 것을 볼 수 있습니다. 다윗의 고백과 비교할 때 우리의 고백은 얼마나 피상적이고 위선적인지…

세상에서 정직하게 자신의 모습(약함, 상처)을 드러내는 것은 두려운 일입니다. 그런 모습은 곧잘 세상의 손가락질과 공격을 받기 때문입니다. 그래서 우리는 어느 때부터인지 마음의 언어를 잃어버리고 머리로 이야기하기 시작했습니다. 마음에서 시작된 언어는 사람들에게 내놓아도 문제가 없다고 생각할 만큼 머리에서 걸러지고 포장되어 위선적인 언어로 바뀌고만 것입니다.

문제는 하나님 앞에 나아갈 때에도 자신의 마음을 정직하게 드러내지 못하고 있는 것입니다. 아픔이 있지만 울지 못하고, 무거운 짐을 지고 있으면서도 하나님께 자신의 연약함을 드러내지 않고 도움을 구하지 않습니다.

하지만 아이들은 정직하게 마음의 언어로 대화합니다. 우리도 하나님 앞에서 마음의 언어를 회복해야 합니다. 우리를 있는 모습 그대로 받으신 하나님 앞에 어린아이와 같이 마음의 언어로 정직하게 대화하는 법을 배워야 합니다.

말을 잘 못해도 사람들이 함께 있고 싶어 하는 사람, 머리의 언어가 아니라 마음의 언어로 이야기 할 수 있는 사람이 되어야 합니다.

개인 예배

내 모습 이대로(D key)
사랑의 주님이(D key)

적용 기도

예배 곡 가사를 묵상하면서 예배에서 사용하고 있는 언어가 삶과 관계없이 종교적인 언어가 되고 있다는 생각이 들었습니다. 고백은 화려하게 치장된 최고의 수식어를 담고 있지만, 문제는 그 하나님이 너무 멀게만 느껴지는 것입니다. 강의에서 늘 얘기하는 거지만, 우리는 단순하고, 진정성이 있는 정직한 언어로 하나님을 만나야 합니다.

나와 늘 함께 하시는 하나님, 함께 걷고 함께 식탁에 앉으시며 나에게 사랑을 속삭이시는 하나님, 때로는 친구처럼, 연인처럼, 나에게 다가와서 위로와 힘을 주시는 하나님, 내가 기쁠 때 손뼉 쳐주시고 아플 때 함께 울어주시는 하나님, 나를 절대 포기하지 않으시는 하나님, 나의 삶을 하나님의 사랑으로 품어 주셔서 있는 모습 그대로 나아가게 하시고, 마음의 언어로 교제하는 복된 날 되게 하여 주시옵소서.

제 25 장

예배와 선교

예배는 선교의 또 다른 이름입니다

이는 물이 바다를 덮음같이 여호와의 영광을
인정하는 것이 세상에 가득함이니라 합 2:14

존 파이퍼의 책 "열방을 향해가라(Let The Nations Be Glad)"는 선교의 새로운 패러다임을 제시하며, 예배와 선교를 하나의 그림으로 연결시켜주는 귀한 내용을 담고 있습니다.

선교는 교회의 궁극적인 목표가 아니다. 예배가 그 목표다. 예배가 없기 때문에 선교가 필요한 것이다. 이 시대가 끝나고 구속받은 셀 수 없이 많은 이들이 하나님의 보좌 앞에서 머리를 조아리게 될 때 선교는 더 이상 존재하지 않을 것이다. 이는 일시적으로 필요한 것일 뿐이다. 그러나 예배는 영원히 남는다. 예배는 선교의 연료요, 목표다. 예배가 선교의 목표라 함은, 선교할 때 우리가 오로지 열방을 인도하여 하나님의 영광을 높이려는 목표를 가지고 있기 때문이다. 선교의 목표는 열방이 하나님의 위대하심을 보고 기뻐하게 하는 것이다. 선교는 예배로 시작해서 예배로 끝난다.[1]

예배와 선교는 하나라고 할 수 있습니다. 참된 예배는 하나님의 마음을 구하는데, 하나님의 마음이 잃어버린 영혼, 땅 끝에 있다는 것을 알고, 온 삶을 드려 헌신(선교)하는 것이 선교이고, 선교는 하나님을 모르고 헛된 우상에게 절하고 있는 영역에 복음을 전하고 구원받은 하나님의 백성이 교회로 모여 예배하도록 하는 것이기 때문입니다.

참된 예배는 선교의 동력을 일으키고,
선교는 그 땅에 참된 예배자를 세웁니다.

예배를 참된 가치에 대한 반응으로 정의 할 때 가장 최고의 예배는 '선교'라는 열매를 맺게 됩니다. 선교는 우리 삶에서 하나님을 최고의 가치로 발견한 사람들이 하나님께 생명을 다 드려 삶 전부로 반응하는 최고의 예배, 자발적인 삶의 예배이기 때문입니다.

선교는 우리가 하나님께 드릴 수 있는
최고의 경배이며, 최고의 예배는
우리의 삶 전부를 하나님께 드리는 선교입니다.

우리 예배가 건강하다는 증거는 하나님의 마음을 발견한 예배자, 선교 헌신자가 일어나는 것입니다. 언젠가 어노인팅 투어에 함께했던 지체들에게 이런 도전을 한 적이 있습니다. 우리가 하나님을 참되게 예배하며 그 분을 따르고 있다면 우리는 10년 후 모두 땅 끝에 가 있을 것입니다. 그 곳에서 만나게 될 것입니다.

개인예배

내 눈 주의 영광을 보네(G key)
물이 바다 덮음같이(G key)

적용 기도

때때로 이런 질문을 던지곤 합니다. 하나님의 관심과 나의 관심은 일치하고 있는가? 하나님이 바라보고 있는 곳을 나도 동일하게 바라보고 있는가? 하나님의 마음(관심)이 있는 곳에 제 마음이 있게 하시고, 하나님의 시선이 머무는 곳을 제 시선이 주목하게 하여 주옵소서. 하나님의 비전으로 채우시고 저의 삶을 인도하여 주시옵소서.

제 26 장

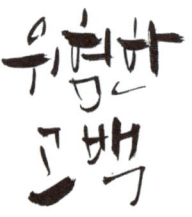

우리의 고백을 들으시는 신실한 하나님

그를 향하여 우리가 가진 바 담대함이 이것이니
그의 뜻대로 무엇을 구하면 들으심이라 요일5:14

우리가 얼마나 위험한 고백(기도, 노래)을 하고 있는지 생각해 본적이 있습니까? 예배나 기도시간에 우리는 수많은 헌신의 고백을 하고 있습니다. 만약 신실한 하나님께서 당신이 고백하고 노래한 내용대로 응답한다면 당신의 삶에 어떤 일이 일어나게 될까요?

예를 들어 '나를 보내소서'라는 기도에 하나님이 응답하신다면 당신은 아프리카 오지에 선교사로 갈 수도 있습니다. '나를 거룩하게 하소서'라는 고백에 응답하신다면 당신은 은밀하게 즐기던 세상의 모든 쾌락 꾸러미를 오늘 쓰레기통에 집어던져야 할 것입니다.

어쩌면 우리는 자신이 어떤 고백을 하고 있는지도 모른 채 기도와 노래를 하고 있을 수도 있습니다. 그래서 기도하고 노래한 내용에 대해 기대하지 않고, 날마다 나도 믿지 않는 수많은 공수표를 날리고 있는 것입니다. 하지만 우리가 한 가지 기억해야 할 사실은 하나님께서 우리의 고백(기도, 노래)을 듣고 계시다는 것입니다.

그렇다면 우리가 구하고 고백하는 내용을 들으시는 하나님께서 왜 응답하시지 않는 것일까요? "응답되지 않는 기도가 은혜다"라는 말이 있습니다. 이 말은 우리 기도에 하나님이 응답하지 않는 이유는 능력이 없어서가 아니라 우리를 사랑하시기 때문이라는 것입니다. 생각해보십시오. 어린아이가 위험한 도구를 달라고 하는데, 그 아이의 요구를 들어 줄 부모가 어디 있겠습니까. 좋으신 우리 아버지께서 우리의 기도에 응답하지 않는 이유는 우리가 준비되어 있지 않기 때문입니다.

하지만 고백한 내용에 대해 당신이 준비된다면 하나님은 신실하게 우리가 구하고 고백한 내용에 응답하실 것입니다. 고백한 내용이 당신의 믿음, 실제가 되게 하실 것입니다. 우리는 신실하지 않지만 하나님은 신실하시고, 우리는 빨리 잊고, 쉽게 포기하지만 하나님은 절대 잊지 않으시고 포기하지 않으십니다. 우리의 헌신은 너무나 보잘것없지만 하나님은 우리의 작은 헌신을 기쁘게 받으시며 그 분의 때에 아름답게 열매 맺으시는 분입니다.

언젠가 부흥한국의 고형원 대표님이 이렇게 얘기 했습니다.

당신이 부르고 있는 노래가
*당신의 운명을 결정할 수 있다.*₁

우리가 무슨 내용인지도 모르고 부른 수많은 노래, 의미도 모르고 고백한 수많은 헌신의 고백들... 하나님은 우리의 위험한 고백과 기도, 노래를 들으시며 신실하게 응답하시는 분입니다.

개인예배

내 구주 예수님(A key)
나의 반석이신 하나님(A key)

적용 기도

나의 기도를 들으시는 하나님, 내 입을 거룩하고 지혜롭게 하시고 기도하고 고백한대로 제 삶에 선한열매를 맺는 삶 살게 하여 주시옵소서. 제 입을 하나님의 나라를 위한 거룩한 통로 삼아주셔서 하나님을 인정하고, 자랑하며, 증거 하는 입술 되게 하시고, 사람들을 격려하고 축복하며, 생명의 고백이 가득한 삶 되게 하여주시옵소서.

예배묵상

예배 사역자는
사역의 능한
사람이 아니라
예배에 능한
예배자가 되어야
합니다

3부

예배사역

제 27 장

예배자인가?
사역자인가?

사역한 능한 사람 이전에 예배자가 되어야 합니다

내가 여호와께 바라는 한 가지 일 그것을 구하리니 곧 내가 내 평생에
여호와의 집에 살면서 여호와의 아름다움을 바라보며
그의 성전에서 사모하는 그것이라 시27:4

예배로 나아갈 때 예배자로 나아가고 있습니까? 아니면 사역자로 나아가고 있습니까? 예배사역자가 자주 빠지는 함정이 있다면 자신이 예배하지 않으면서 사역하는 것입니다. 하나님과의 만남을 기대함으로 나아가는 것이 아니라 사역을 하기 위해 나아가고 있다면 그 사역(예배)자체가 짐이 되고, 우상이 될 수 있다는 점을 기억해야 합니다.

하나님께 마음을 집중시키지 못하게 하는 일은 하나님을 위한 사역일지라도 모두 경계하라. 사역자의 상당수가 사역을 경배한다. 사역자의 유일한 관심은 하나님께 정신(마음)을 쏟는 것이다.[1]

사역이 사역자에게 오히려 독이 될 수 있습니다. 건강하게 지치지 않고 이 사역을 할 수 있는 유일한 길은 삶의 자리에서 날마다 예배자로 하나님께 나아가 교제하며 생수의 근원이신 하나님의 공급으로 채워지는 것입니다.

교회에서 매주 같은 대상을 만나 반복되는 예배를 드리면서 어떻게 예배에 새롭고 신선함을 불어넣을 수 있을까?

이 질문에 대한 답은 내 경험이나 기술로 할 수 없다는 것입니다. 예배에 생명을 불어넣는 것은 하나님의 영역이며 하나님만이 우리 예배를 매번 새롭게 하는 생수의 근원이 되십니다. 그렇기 때문에 우리의 태도가 중요하고, 먼저 예배자가 되어야 하는 것입니다.

예배사역은 사람에게 인정받고 사람을 감동시키는 것이 아니라 예배자로 하나님의 임재가운데 나아가 하나님과 함께하는 기쁨과 가치를 알고 하나님의 얼굴을 구하는 것입니다.

개인예배

하나님의 그늘 안에(A key)
주의 옷자락 만지며(A key)

적용 기도

30년 이상 예배사역을 하면서 지치지 않고 이곳까지 올 수 있었던 것은, 예배가 사역이전에 하나님의 공급으로 채워지는 은혜의 자리라는 것을 깨달았기 때문입니다. 그렇기 때문에 하나님 앞에 한 사람의 예배자가 되어야 합니다. 하나님 사역에 능한 사역자 이전에 하나님과의 사랑에 빠진 예배자로 평생 살아가도록 붙들어 주시옵소서.

제 28 장

예배에 생명력 불어넣는 것은 성령의 개입하심과 삶입니다

새 노래로 여호와께 노래하라 온 땅이여 여호와께 노래할지어다.
여호와께 노래하며 그의 이름을 송축하며
그의 구원을 날마다 전파할지어다. 시96:1, 2

수많은 예배를 반복하면서 익숙해졌다고 예배가 쉬워지는 것은 아닙니다. 예배는 우리의 경험이나 능력에 의해 좌우되는 것이 아니기 때문입니다. 예배가 익숙해졌다는 것이 오히려 사역자를 타성에 빠트릴 수 있습니다. 예배사역을 잘 몰라서 못하는 것도 문제지만, 더 큰 문제는 내가 내 힘으로 뭔가를 할 수 있다고 생각할 때입니다.

예배를 위해 탁월한 설교자, 잘 준비된 예배 팀과 음악, 완벽한 준비(인간의 최선)가 성공적인 예배를 보장하는 것이 아닙니다. 모든 순서를 완벽하게 준비해도 하나님이 함께하지 않는다면 우리는 참된 예배로 나아갈 수 없을 것입니다.

우리가 매주 드리는 예배가 매너리즘에 빠지지 않고 늘 새로워지기 위해서는 첫째. 성령하나님에 대한 영적인 민감함으로 깨어 있어야하고, 둘째. 삶에서 하나님과 동행하며 계속자라가야 합니다.

예배에서 내 생각과 경험의 틀에 하나님을 제한하지 않고 성령하나님의 인도하심에 대해 항상 겸손함과 배움의 태도를 갖고 열려있어야 하는 것입니다. 또한 삶의 자리에서 날마다 하나님과 생명의 교제를 가질 때 우리 예배는 늘 새롭고 신선한 불꽃으로 타오르며 결코 마르지 않는 생수를 경험하게 될 것입니다.

익숙하다는 것이 제대로 하고 있다는 것은 아닙니다. 우리는 익숙함을 뛰어넘어 내 삶에 믿어지고 실제가 되는 예배, 삶이 재료가 되고 성령하나님의 역사하심에 민감하게 반응하며 하나님의 가능성에 열려있는 예배의 자리로 나아가야 합니다.

개인예배

나의 마음을 정금과 같이(E key)
우리 찬양 향기 되게 하시고(E key)

적용 기도

   삶과 예배의 자리에서 하나님의 인도하심에 열려있고, 민감하게 반응하며, 성령 하나님을 나의 경험에 제한하지 않겠습니다. 날마다 새로운 예배로 나아가기 위해 삶을 예배의 재료로 삼고, 하나님을 인정하는 삶을 살겠습니다.

제 29 장

기름부으심이 있는 예배사역

사역의 주도권은 하나님께 있습니다

주 여호와의 영이 내게 내리셨으니 이는 여호와께서 내게 기름을 부으사
가난한 자에게 아름다운 소식을 전하게 하려 하심이라
나를 보내사 마음이 상한 자를 고치며 포로 된 자에게 자유를
갇힌 자에게 놓임을 선포하며   사61:1

기름부으심이 있는 예배사역을 위한 가장 기본적인 전제는 이 사역의 주도권이 사람에게 있지 않고 하나님께 있다는 것입니다. 예배사역을 이렇게 정의 할 수 있습니다.

> 예배사역은 내 경험과 능력으로 사역하는 자리가 아니라 성령 하나님께 사역 당하는 자리입니다.

최고의 예배사역은 성령하나님이 나를 통해 일하시도록 그 분의 온전한 통로가 되는 것입니다. 기름부으심이 있는 영적인 예배로 나아가기 원한다면 먼저 내가 할 수 없음을 인정하고 성령께서 일하시도록 그 분께 나를 맡겨야 합니다. 어노인팅 사역 초기에 팀 이름(Anointing/ 기름부으심)과 관련하여 하나님께서 가르쳐주신 교훈이 있었습니다. 예배가운데 하나님의 역사하심이 있고 마치 내 힘으로 뭔가를 할 수 있을 것 같은 자신감으로 가득하던 어느 날 하나님께서 제 삶에 찾아오셔서 어깨를 톡 치시면서 이렇게 말씀하셨습니다.

> 힘을 빼라. 이 사역은 네 일이 아니라 내(하나님) 일이다.
> 내가 일할 수 있도록 내게 맡겨라.

기름부으심이 있는 예배는 예배의 주도권이 성령하나님께 있음을 인정하고, 내 힘과 능력을 내려놓고 성령님께서 일하시도록 힘을 빼고 맡기는 것입니다. 이때 중요한 것은 나의 생각과 경험으로 성령하나님을 제한하지 않고 열린 마음으로 그 분의 인도하심에 민감하게 반응하며 순종하는 것입니다.

실제 예배에서 이 지점을 허용하기 어려운 이유는 예배가 우리의 경험을 뛰어넘어 예측 할 수 없는 지점으로 나아갈 수 있기 때문입니다. 우리는 예배에서 이런 자리를 허용하는 것을 두려워합니다. 자신이 한 번도 경험하지 못한 세계에 발을 내 딛는다는 것은 두려운 일입니다. 예배의 주도권이 하나님께 있다는 신뢰가 없이는 절대 이 지점으로 나아갈 수 없을 것입니다.

영적인 예배사역을 원한다면 성령하나님을 인정하고 의지해야 합니다. 성령님의 인도하심에 민감하게 반응하며 순 종함으로 나아가야 합니다. 내 경험이나 생각보다 더 뛰어나신 성령님을 신뢰함으로 나 자신을 온전히 맡기는 것입니다.

개인예배

성령이여 내 영혼을(D key)
오소서 진리의 성령님(D key)

적용 기도

하나님 예배의 주도권, 제 삶의 주도권이 하나님께 있음을 고백하고 인정합니다. 하나님 열린 마음과 영적인 민감함을 주셔서 하나님의 세미한 음성을 듣게 해주시고, 성령 하나님께서 우리의 예배인도자가 되어 주시옵소서.

제 30 장

공격적인
예배로의 부르심

하나님의 나라가 임할 때 사단의 왕국은 무너집니다

우리 주 예수 그리스도의 하나님, 영광의 아버지께서
지혜와 계시의 영을 너희에게 주사 하나님을 알게 하시고,
너희 마음눈을 밝히사 그의 부르심의 소망이 무엇이며 성도 안에서
그 기업의 영광의 풍성이 무엇이며, 그의 힘의 강력으로 역사하심을
따라 믿는 우리에게 주신 능력의 지극히 크심이 어떤 것을
너희로 알게 하시기를 구하노라 엡1:17~19

언젠가 주일예배를 드리는데 참여한 성도들이나 인도한 예배 팀 모두에게 하나님의 충만한 임재를 경험하며, 기쁨으로 가득한 시간이었습니다. 이날 하나님께서 제 안에 이런 마음을 부어주셨습니다.

> 나는 예배가 너희가 만족하는 수준에
> 머물러 있기를 원치 않는다.
> 나는 너희 예배가 사단의 왕국에
> 치명타를 가할 수 있는 통로가 되기를 원한다.

예배는 가장 강력한 영적전쟁이 일어나는 자리입니다. 주님의 몸 된 교회가 예수님의 이름을 높이고, 죄와 사망을 이기시고 부활하신 예수님의 승리를 선포할 때, 우리 예배 안에는 두 가지 일이 동시에 일어나게 됩니다.

첫째. 하나님의 임재와 영광, 하나님의 나라와 통치가 임하게 됩니다.

둘째. 사단의 왕국은 무너져 내리며, 어둠과 혼돈은 떠나가게 됩니다.

빛이 임할 때 어두움이 빛의 속도로 사라지는 것처럼, 참된 예배는 모든 권세와 능력이 오직 하나님께 있고, 사단은 아무런 권세가 없는 거짓말쟁이 인 것이 드러나게 됩니다.

> 예배는 '방어'와 '공격', 이 둘을 포함한다. [1]

매주 이 땅에 있는 수만 개의 교회에서 예수님이 우리 삶의 주인 되시고, 왕 되심을 선포하고 세상보다 크신 주님, 세상을 이기시고 승리하신 주님이 우리 안에 살아계심을 증거 할 때, 사단은 두려워 떨고, 하나님은 이 땅의 교회로 하여금 놀라운 일을 행하실 것입니다.

예배(찬양과 경배)는 하나님의 임재를 부르는 영적인 행위이며, 성령하나님이 역사하시는 통로를 만드는 것입니다. 우리가 예배를 통해 하나님의 하나님 되심을 선포할 때, 우리가 밟고 있는 땅과 믿음으로 바라보는 영역가운데 영적인 영향력이 흘러가게 될 것입니다.

개인예배

예수 이름 높이세(G key)
주를 찬양/ 세상의 유혹 시험이(G key)

적용 기도

　사단은 할 수만 있다면 우리 예배가 별것 아닌 것처럼 우리를 속이려 합니다. 그리스도인이 예배할 때 어떤 일이 일어나는지를 알게 되면, 사단은 끝장 날 것이기 때문입니다. 오늘 이 땅에서 드리는 모든 예배를 위해 기도합니다. 죄와 사망의 권세를 이기고 승리하신 예수님을 높일 때 사단의 왕국은 무너지고, 모든 혼돈과 어둠이 떠나가는 역사가 있게 하여 주시옵소서.

제 31 장

가장 강력한 선포는 증거하는 것입니다

찬양은 노래 이상을 의미하는 것입니다

내가 노래로 하나님의 이름을 찬송하며 감사함으로
하나님을 위대하시다 하리니 이것이 소 곧 뿔과 굽이 있는 황소를
드림보다 여호와를 더욱 기쁘시게 함이 될 것이라   시69: 30,31

> 오늘날 교회 안에
> 노래가 부족하지 않다고 생각합니다.
> 문제는 고백이 없는 것입니다.

노래의 고백이 내 고백, 내 믿음이 될 수 없다면 그 노래는 허공을 치는 공허한 메아리가 되고 말 것입니다.

사단은 더 이상 우리 노래를 두려워하지 않습니다. 예수님을 믿는 그리스도인들이 자신이 부르는 노래 속에 담긴 진리를 믿지 않기 때문이다. 하나님을 찬양한다는 것은 단순히 노래하고 악기를 연주하는 차원을 뛰어넘는 믿음의 행위입니다.

언젠가 하용조 목사님이 설교시간에 '가장 강력한 선포는 증거하는 것'이라고 말씀하셨습니다. 선포한다는 것은 큰 소리나 외침을 뛰어넘어 우리 마음에 가둬둘 수 없는 진리, 확신을 드러내는 것입니다. 초대교회의 성도들이 생명의 위협을 받는 핍박과 환란가운데 믿음을 지킬 수 있었던 것은 죽음보다 강한 진리에 대한 확신이 있었기 때문입니다.

우리가 보고 들은 것을 말하지 아니할 수 없다 하니 (행4:20)

　예배에서 찬양은 우리 삶에 생명으로 오신 예수님을 높이고 그 분이 우리의 주님이며 왕 되심을 증거하는 것 입니다. 우리가 고백하는 노래의 내용을 믿고, 고백하며, 선포하고 증거 할 때, 그 노래는 곡조를 담은 기도가 되고, 하나님을 대적하여 높아진 사단의 견고한 진을 깨뜨리는 강력한 영적 무기가 될 것입니다.

개인예배

주님의 영광 나타나셨네(G key)
생명 주께 있네(G key), 부흥이 있으리라(G key)

적용 기도

  우리에게 진리와 생명을 담은 노래를 주신 하나님을 찬양합니다. 그 노래에 담긴 진리가 내 안에 믿어지고 나의 고백이 될 수 있도록 날마다 제 삶에 하나님을 계시해 주십시오. 내 입술의 고백을 통해 하나님을 인정하고 자랑하며 증거 하는 삶을 살겠습니다.

제 32 장

노래한다는 것은 메시지를 전하는 것입니다

노래, 고백과 정서를 담은 메시지 전달의 통로

온 땅이여 하나님께 즐거운 소리를 낼지어다.
그의 이름의 영광을 찬양하고 영화롭게 찬송할지어다 시66:1, 2

언젠가 예배를 섬기는 예배 팀 멤버들에게 이런 얘기를 한 적이 있습니다.

> 노래 한 곡이 한편의 메시지(설교),
> 한 편의 기도가 되게 하십시오

노래한다는 것은 노래를 듣는 대상에게 메시지를 전한다는 것을 의미합니다. 그렇기 때문에 자신이 고백하는 노래의 가사가 어떤 내용을 담고 있는지 이해가 없이 노래하는 것은, 누군가와 대화를 나눈다고 할 때 자신이 무슨 말을 하는지도 모르는 상태에서 얘기를 하는 것과 같다고 할 수 있습니다.

노래의 가사묵상은 예배사역자(예배인도자, 싱어, 연주자)들이 훈련해야 할 가장 기본적이고 필수적인 영역입니다. 노래에 담긴 메시지를 이해하고 노래(연주)할 때, 그 고백은 살아있는 고백(연주)이 되고, 단순히 노래(연주)하는 차원을 넘어서 영적인 메시지를 담아내는 것입니다.

노래를 메시지 전달의 통로로 볼 때, 진정성 있는 메시지를 전달하기 위해서는 노래의 내용(해석)과 마음(동의)과 정서(감정)가 일치된 하나의 언어를 만들어야 합니다. 예를 들어서 기쁨의 노래를 부르는 싱어의 얼굴에서 기쁨을 찾을 수 없다면 그것은 자신이 고백하는 메시지의 진정성을 부인하는 결과를 만들 수 있는 것입니다.

예배를 섬길 때 얼굴 표정이나 정서적인 면, 손을 들거나 손뼉을 칠 때 중요한 것은 자연스러운 표현이 되어야 하는데, 많은 경우 예배에서 자연스러운 표정이나 표현이 나오지 않은 것은 자신이 고백하는 내용에 대한 마음의 동의가 되지 않았기 때문입니다. 예배를 섬기는 사역자들의 가장 중요한 사역은 회중들에게 계시적인 메시지를 전달하며 예배의 모델이 되는 것입니다.

노래한다는 것은 누군가에게 메시지를 전하고 있는 것입니다. 노래의 가사를 묵상하고 그 노래의 가사가 내 고백이 될 때, 우리가 부르는 노래는 영적인 씨앗이 되어 섬기고 있는 공동체와 우리가 밟고 있는 땅, 믿음으로 품고 있는 영역가운데 심기며 영향력을 흘려보내게 될 것입니다.

개인예배

내 모든 삶에 행동 주 안에(G key)
주의 이름 높이며(G key)

적용 기도

예배에서 가사 묵상이 중요한 것은 노래한 곡이 한편의 메시지(설교), 한 편의 기도가 될 수 있기 때문입니다. 미국에서 나온 통계내용을 보면 주일설교내용을 3~4일이면 70~80%가 잊는다고 합니다. 그런데 노래 한 곡이 우리 가슴에 새겨지면 평생을 갈 수 있습니다.

가사묵상을 통해 노래에 생명을 불어 넣고, 노래에 담긴 내용을 믿고 고백함으로 하나님을 증거 하는 계시의 통로가 되게 하시고, 다른 사람을 위한 고백이기 전에 제 삶이 변화되는 믿음의 고백이 될 수 있도록 역사하여 주시옵소서.

제 33 장

하나님의 마음에 합한 예배사역자

참된 사역은 하나님의 마음에서 시작됩니다

내가 이새의 아들 다윗을 만나니 내 마음에 합한 사람이라
내 뜻을 다 이루게 하리라 하시더니 행13:22

하나님은 모든 예배사역자가 흠모하고 닮고 싶어 하는 다윗을 향해 "내 마음에 맞는 사람"이라고 말씀하셨습니다. 다윗은 하나님이 무엇을 원하고 원치 않는지를 아는 사람이었습니다.

참된 예배사역은 내가 능력 있고 탁월한 사역자가 되는 것이 아닙니다. 능력의 근원되신 하나님의 마음을 알고 순종함으로 하나님의 온전한 통로가 되는 것입니다. 하나님의 마음에 합한 예배사역자가 되기 위해 우리는 하나님을 알아야 합니다.

참된 예배는 예배자의 마음을 하나님의 마음으로 물들이고 하나님의 뜻을 따라 살고자 하는 열정으로 불타오르게 합니다. 예배를 통해 하나님의 마음에 합한 예배사역자가 빚어지는 것입니다.

하나님의 마음에 합한 예배사역자가 되는데 지름길은 없습니다. 하나님의 얼굴을 구하며 함께 시간을 갖고, 친밀함을 누리는 만큼 우리는 하나님의 마음을 아는 예배자가 됩니다.

하나님은 하나님의 마음에 합한 예배자를 이 땅을 향한 동역자로, 하나님의 축복의 통로로 세우시고 하나님의 뜻을 이루시는 것입니다.

최고의 예배사역은 성령하나님이 예배사역자를 사로잡으셔서 마음껏 일하시도록 하나님의 뜻 가운데 우리를 거룩한 산 제물로 드리는 것입니다.

개인예배

주님 마음 내게 주소서(G key & A key)
하나님 아버지의 마음(A key)

적용 기도

　하나님 제 삶과 가정 비전을 올려드립니다. 하나님의 마음을 알게 하시고, 하나님이 기뻐하는 것을 선택하며 따를 수 있도록 저의 삶을 인도하여 주시옵소서. 하나님의 마음에 합한 사람 다윗과 같이 저를 하나님의 마음으로 빚으시고 사용하여 주시옵소서.

제 34 장

예배 사역은 관계에서 시작됩니다

건강한 관계가 건강한 사역의 열매를 맺습니다

그러므로 예물을 제단에 드리다가 거기서 네 형제에게 원망 들을
만한 일이 있는 것이 생각나거든 예물을 제단 앞에 두고
먼저 가서 형제와 화목하고 그 후에 와서 예배를 드리라 마5:23,24

예배 사역은 팀 사역으로 건강한 사역은 건강한 관계에서 시작됩니다. 좋은 예배 팀이란 탁월한 한 사람의 능력이 아니라 팀원 전체가 함께 예배의 가치와 마인드를 공유하고 성령 안에서 한 몸을 이룰 때 가능합니다. 팀 사역의 영향력은 팀워크에서 나오는데, 좋은 팀워크를 만들기 위해서는 소통(Communication)을 잘해야 합니다.

예배사역에서 이해해야 할 세 영역의 소통이 있습니다.

첫째. 성령하나님과의 소통
성령님과 친밀한 관계를 맺고 있지 않다면, 예배에서 영적인 민감함을 갖고 성령님과 소통 할 수 없을 것입니다.

둘째. 성도와의 소통
교회 사역에서 성도들과 신뢰하는 관계를 맺고 있지 않다면 성도들과 마음으로 깊이 소통 할 수 없을 것입니다.

셋째. 예배 팀과의 소통
예배 팀 멤버들과 사역의 자리 뿐 아니라 삶에서 교제하며 신뢰의 관계를 맺지 않으면 좋은소통할 수 없을 것입니다.

좋은 소통을 위해 우리는 관계 훈련을 해야 합니다. 관계가 소통의 질을 결정하는 핵심이기 때문입니다.

사랑한다는 것은 상처받을 수 있는 위험에 자신을 노출시키는 행위입니다. 무엇이든 사랑해 보십시오. 여러분의 마음은 분명 아픔을 느낄 것이며, 어쩌면 부서져 버릴 수도 있습니다. 마음을 아무 손상 없이 고스란히 간직하고 싶다면, 누구에게도 마음을 주어서는 안 됩니다. 모든 얽히는 관계를 피하십시오. 마음을 당신의 이기심이라는 작은 상자에만 넣어 안전하게 잠가 두십시오. 그러나 그 작은 상자 안에서도 그것은 변하고 말 것입니다. 부서지지는 않을 것입니다. 깨뜨릴 수 없고 뚫고 들어갈 수도 없을 것입니다. 그러나 구원받을 수 없는 상태가 되고 말 것입니다. 우리는 모든 사랑에 내재해 있는 고통을 피하려고 애씀으로서가 아니라, 그것을 받아들이고 그분께 바침으로써 하나님께 더 가까이 다가가게 됩니다.

[네 가지 사랑 C. S. 루이스/ 본문 중에서]

결국 예배사역이란 하나님과의 관계, 성도와의 관계, 예배 팀과의 관계에서 시작됩니다. 건강하게 사역하고 있다는 증거는 건강한 관계를 통해서 확인 할 수 있습니다. 지난 시절을 돌아보면 하나님의 사역을 한다는 열정 하나로 열심히 달려왔지만 정작 함께 동역하는 팀원들과의 관계에서 성숙하지 못했던 저의 모습을 보게 됩니다.

눈에 보이는 사역의 영향력이 보이지 않는 곳에서 결정된다는 말이 있는데, 관계가 바로 그런 요소입니다. 건강한 관계가 건강한 사역을 낳습니다. 영향력 있는 사역을 위해 우리는 건강한 관계를 훈련하며 자라가야 합니다.

개인예배

하나님께서 당신을 통해(G key)
축복송(G key)

적용 기도

교회사역의 영향력은 관계에서 시작됩니다. 관계는 팀 사역에서 누구도 피해갈 수 없는 관문입니다. 그렇기 때문에 교회사역에서 삶이 중요하며, 교회사역은 절대로 삶을 뛰어 넘을 수 없습니다. 건강하고 행복한 예배와 사역이 될 수 있도록 건강한 관계를 맺고 삶으로 본이 되는 예배자가 되겠습니다.

제 35 장

예배는 하나님의 공급을 경험하는 자리입니다

예배는 삶과 사역의 동력을 만드는 자가발전소입니다

내 안에 거하라 나도 너희 안에 거하리라 가지가 포도나무에
붙어 있지 아니하면 스스로 열매를 맺을 수 없음 같이
너희도 내 안에 있지 아니하면 그러하리라 요15:4

지난 30년 이상 예배사역을 하면서 제가 받은 가장 큰 복은, 예배를 준비하고 섬기면서 받은 복이었습니다. 예배를 섬겨야 하기 때문에 한 번 더 예배를 생각해야 하고, 늘 먼저 나와서 기도하고 예배를 준비했는데, 돌아보니 이 시간이 저에게 가장 큰 축복의 시간이었던 것입니다.

무엇보다 예배사역을 하면서 깨달은 것은, 예배는 사역이전에 하나님의 공급하심으로 채워지는 시간이라는 것을 알게 되었습니다. 제가 지치지 않고 이 사역을 감당 할 수 있었던 것은, 예배가 하나님의 공급으로 채워지는 자리라는 것을 깨달았기 때문입니다. 이런 말이 있습니다.

> 우리가 주일을 지키는 것이 아니라
> 주일이 우리를 지켜준다.

사역자들이 지치고 탈진하는 이유는 하나님의 공급이 없이 자신의 힘으로 사역하려 하기 때문입니다. 기억하십시오. 사역은 내 일이 아니라 하나님의 일입니다. 내 능력이 아니라 능력의 하나님께서 나를 통해 일하시는 것입니다.

예배가 하나님의 공급으로 채워지는 시간이라고 할 때 사역자(목회자, 선교사)에게 예배는 생명과 같다고 할 수 있습니다. 사역자 이전에 먼저 예배자가 되어야 하는 것입니다.

사역자가 하나님의 공급으로 채워지지 않고 퍼주기만 한다면 그 사역은 곧 바닥을 드러내고 말 것입니다. 예배는 사역자들이 지치지 않고 하나님의 공급하심으로 채워지며 사역 할 수 있는 자가발전기와 같은 것입니다.

예배는 하나님을 위한 것이지만 하나님이 뭐가 부족해서 우리에게 무엇인가를 얻어내기 위해서 고안한 자리가 아닙니다. 예배는 하나님께서 우리를 축복하기 위한 은혜의 자리입니다.

개인예배

새 힘 얻으리(A key)
주는 나의 힘이요(A key)

적용 기도

　성숙은 결국 균형이라고 할 수 있습니다. 하나님으로 공급받는 분량만큼 사역하는 것이 건강한 사역자가 되는 비결입니다. 삶과 사역의 자리에서 사역에 능한 사람이전에 하나님 안에 거하며 하나님이 주신 힘과 지혜와 능력으로 살며 사역하는 예배자가 되겠습니다.

예배묵상

예배사역이란
성령하나님의
일하시는
통로가
되는것입니다

4부

예배 사역의 실제

제 36 장

예배 사역에서 음악의 역할

예배와 음악에 대해서

새 노래로 그를 노래하며
즐거운 소리로 아름답게 연주할지어다 시33:3

예배사역의 본질이 예배라면 음악은 예배를 돕는 수단이며, 효과적인 도구입니다. 음악은 예배에서 중요한 역할을 하고 있는데, 설교말씀이 이성(정서적인 면에도 영향을 주지만)에 호소하고 설득하는 힘이 있다면 음악은 정서적인 면을 만지는 강력한 도구입니다.

예배에서 찬양이 중요한 것은 음악적인 요소가 성도들의 마음의 빗장을 여는 역할을 하기 때문입니다. 사람의 복잡한 마음의 문을 여는데 음악만큼 효과적인 도구는 없을 것입니다. 그렇기 때문에 예배에서 찬양이 제 역할을 못하면 성도들의 마음이 열리지 않고, 목사님이 말씀 전할 때 어렵게 느껴지는 것입니다.

음악은 마음을 담고 표현 할 수 있는 영적인 도구로 하나님께서 인간에게 허락하신 최고의 선물입니다. 음악이 없는 세상, 음악이 없는 예배를 상상할 수 있습니까! 예를 들어 2002년 월드컵 응원에서 음악이 없었다면 어떻게 응원을 했을까요. 광화문과 시청광장에 모인 수십만의 응원단의 마음에 열정을 불러 일으키고 하나 되게 할 수 있었던 것이 음악의 힘입니다.

음악은 시대의 언어와 같은 것으로, 동시대를 사는 젊은이들과 소통할 수 있는 가장 효과적인 도구입니다. 음악은 언어의 영역을 뛰어넘어 정서의 벽을 허물고 영적인 메시지를 담아낼 수 있는 강력한 도구입니다.

기본적으로 음악은 중립적이라고 할 수 있습니다. 음악은 그 자체를 선하거나 악하다고 할 수 없고, 누가 어떤 용도로 사용하는가에 따라 선한 도구가 될 수도 있고 악한 도구가 될 수도 있는 것입니다. 새들백 교회의 예배인도자 릭 무초(Rick Muchow)는 예배에서 음악의 역할을 이렇게 정의했습니다.

> 음악 자체는 예배가 아니라 예배의 언어다.
> 이것은 하나님을 향한 우리의 사랑을 표현하는 방법이다. [1]

음악을 예배의 언어로 이해할 때 음악의 역할을 크게 두 가지로 생각해 볼 수 있습니다.

첫째. 적절성입니다.

대화를 나눌 때, 때에 맞는 언어가 중요한 것처럼 예배사역에서 음악은 탁월성보다 적절성이 더 우선순위에 있습니다. 예배에서 음악이 적절성을 띠지 않는다면 예배를 돕는 것이 아니라 오히려 방해할 수 있습니다. 화려하고 뛰어난 테크닉보다 예배상황에 적합한 언어를 구사하는 것이 더 중요합니다.

예배에서 음악이 때에 맞는 적절한 언어를 구사하기 위해서는 하나님과의 교제를 알아야 합니다. 하나님과의 교제에 대한 이해가 없다면, 음악을 통해 예배에 적절한 언어를 구사할 수 없을 것입니다. 또 노래에 담긴 메시지(가사내용)를 이해하는 것이 중요합니다. 그 곡에 어떤 내용이 담겨있고, 무엇을 말하려고 하는가를 이해할 때 음악이 적절한 예배의 언어를 구사할 수 있는 것입니다.

> 노래의 가사내용을 이해하는 것이
> 음악의 창조성(편곡)을 만드는 재료입니다.

둘째. 탁월성입니다.

음악이 예배의 본질은 아니지만 목회자나 예배사역자에게 중요한 것은 예배에서 음악이 차지하는 비중이 그만큼 크기 때문입니다. 예배를 섬기는 사역자가 모두 음악의 전문가가 될 필요는 없지만 음악을 이해하고, 음악적인 면을 개발하며 자라가야 합니다. 음악적인 면을 알고 준비된 만큼 예배에서 음악을 효과적으로 사용 할 수 있습니다.

음악으로 예배의 언어를 구사할 때 탁월성이 중요한 것은, 예배사역자가 음악이 준비되지 않으면 예배에서 하나님과 교제할 때 한 두 마디 얘기를 하면 할 말이 없는 것처럼 예배의 다양하고 풍성한 언어를 구사할 수 없을 것입니다. 이것은 무한한 하나님의 영역이 유한한 인간의 실력(음악)에 제한되는 것입니다.

　예배사역에서 음악의 수준을 정할 수는 없지만 교회에서 사역하고 있는 싱어나 연주자가 음악으로 예배를 섬기기 위해서는 노래와 악기를 연주하면서 자유롭게 예배 할 수 있도록 준비해야 합니다. 이것이 음악으로 예배를 섬기는 사역자의 태도입니다.

개인예배

나를 향한 주의 사랑(E key)
내 마음을 가득 채운(E key)

적용 기도

　예배사역에서 음악을 효과적으로 사용하려면 음악을 알아야 합니다. 음악을 많이 듣고, 훈련하며 음악을 통해 예배에서 적절한 음악을 구사할 수 있도록 예배의 언어를 개발하며 준비하겠습니다. 예배 팀 멤버들과 잘 소통하여 음악으로 예배의 언어를 구사하겠습니다.

제 37 장

예배에서 곡을 선곡하는 것

예배 콘티 작성의 원리

나를 보내신 이가 나와 함께 하시도다
나는 항상 그가 기뻐하시는 일을 행하므로
나를 혼자 두지 아니하셨느니라어다 요8:29

어떻게 콘티를 짜야 하는지 질문을 받는 경우가 있습니다. 이 질문에 대해 간단하게 대답하기 어려운 이유는 콘티를 짠다는 것은 어떤 방법이나 공식이 아닌 예배사역에서 거의 종합예술에 가까운 방대한 과정을 통해 얻을 수 있는 결론과 같은 것이기 때문입니다.

예배인도자가 예배에서 부를 노래를 선곡한다는 것은 사랑하는 사람과 교제를 나눈다고 할 때 적절한 언어를 찾아내는 것과 같은 것입니다. 좋은 선곡을 위해서는 하나님과의 교제에서 때에 맞는 적절한 언어를 구사할 수 있어야 합니다. 우리는 하나님과 교제하며 친밀하고 깊이 있는 예배의 언어를 개발해야 합니다.

예배인도란 찬양(노래)을 준비하는 것이 아니라 당신 자신을 준비하는 것이라는 사실을 기억해야 한다. 당신이 하나님과 함께하는 은밀한 시간을 가질 때 그것은 가장 잘 이루어진다. 은밀한 곳에서 하나님께서 당신에게 말씀하신 것은 공적인 집회에서 반향 되어 질 것이다.[1]

좋은 예배 준비란 선곡의 문제가 아니라 삶에서 시작된다는 중요한 메시지입니다. 예배인도자가 삶에서 하나님 갖고 있는 교제의 깊이가 회중예배의 깊이를 만들기 때문입니다.

예배에서 때에 맞는 적절한 곡을 선곡하기 위해서는 하나님과의 교제를 알아야 합니다. 하나님과의 교제를 통해 영적인 민감성을 훈련하고 자라가야 합니다

개인예배

주님 곁으로 날 이끄소서(A key)
온전케 되리/ 주 앞에 나와(A key)

적용 기도

좋은 선곡을 하기 위한 전제 조건은 내가 하나님과 어떤 관계를 맺고 있는가에 달려 있습니다. 예배에서 때에 맞는 적절한 언어를 구사하기 위해 삶의 자리에서 하나님과 교제하며 풍성하고 생명력 있는 예배의 언어를 개발하겠습니다.

제 38 장

예배 전체를 볼 수 있는 눈

예배의 시작, 과정, 목적지를 알아야 합니다

너희 안에서 착한 일을 시작하신 이가 그리스도 예수의 날까지
이루실 줄을 우리는 확신하노라 빌1:6

예배사역자는 예배의 흐름과 예배전체를 볼 수 있는 눈이 있어야 합니다. 예배의 시작과 과정, 목적지(Goal)를 이해하며 알고 있어야 합니다.

- 시작
예배의 시작은 예배 전체흐름에서 아주 중요한 부분입니다. 영어 표현으로 Ice Break 이란 말이 있는데, 모임을 시작할 때 차가운(경직된) 분위기를 깨트린다는 의미로 이해 할 수 있습니다. 예배를 시작할 때 중요한 초점은 모임에 참석한 성도의 경직된 마음을 풀어주고, 분주한 생각을 내려놓고 하나님만 집중하여 바라보도록 돕는 것입니다.

다양한 방법이 있는데, 환영의 인사를 나누며 성도들을 따뜻하게 맞이할 수도 있고, 성도들을 말씀으로 격려하거나 예배의 마음을 나누며 기도로 시작할 수도 있습니다. 가장 일반적인 것은 예배에서 첫 곡으로 부를 곡의 내용과 관련된 말씀이나 간증을 짧게 나누면서 노래로 연결하는 것입니다.

- 과정

하나님과의 교제의 과정을 알아야 합니다. 예배하면서 성도들이 예배의 목적지를 향해 잘 나아가고 있는지, 또한 예배가 하나님이 원하시는 곳으로 나아가고 있는지, 영적인 민감성을 갖고 하나님의 얼굴을 구하며, 때에 맞는 적절한 예배의 언어를 구사할 수 있어야 합니다.

- 목적지

이런 질문을 할 수 있습니다. 예배의 목적지, 회중들을 어디로 데려가고 있는가? 예배의 목적지가 없다면 예배는 초점을 잃고 혼란스럽고 무의미한 시간으로 채워지게 될 것입니다.

이런 상황을 한번 생각해 보겠습니다. 20분 동안 찬양을 인도하기 위해 5곡을 선곡했는데, 예배 하다가 시간을 보니 2곡을 불렀는데 15분이 지났습니다. 3곡의 노래와 5분의 시간이 남았는데 어떻게 마무리를 해야 할까요? 이 질문에 대한 몇 가지 예를 보겠습니다.

1) 5분 동안 남은 3곡의 노래를 빨리 부르고 내려옵니다.
2) 남은 곡을 부르다가 시간이 되면 끊고 내려옵니다.
3) 시간이 지나건 말건 상관하지 않고 남은 곡을 다 부르고 내려옵니다.

위에서 답을 찾을 수 있습니까? 이 상황에서 자연스럽게 예배의 흐름을 마무리하기 위해서는 예배의 흐름을 이해하고 목적지를 알고 있어야 합니다. 위에서 2곡을 갖고 15분 동안 예배를 했다는 것은 2곡을 통해 3~4곡의 깊이만큼 예배했다고 할 수 있습니다. 이 상황에서 최선의 선택을 하기 위해서는 예배가 지금 어느 지점에 있고, 어디로 갈지를 알고 있다면, 예배의 목적지로 가기 위한 최선을 선택 할 수 있는 것입니다.

개인예배

주의 나라가 임할 때(A key)
임재/ 이곳에 오셔서(A key)

적용 기도

하나님 예배전체를 볼 수 있는 넓은 시야와 예배의 목적지를 알고 성도들을 친절하게 안내할 수 있는 예배인도자가 되게 하여 주시옵소서.

제 39 장

사역의 무게중심

진정한 사역은 성령님의 온전한 통로가 되는 것입니다

그러나 내가 나 된 것은 하나님의 은혜로 된 것이니
내게 주신 그의 은혜가 헛되지 아니하여
내가 모든 사도보다 더 많이 수고하였으나
내가 한 것이 아니요 오직 나와 함께 하신 하나님의 은혜로라 고전15:10

사역의 무게중심을 자신에게 두는 사람들이 일반적으로 빠지기 쉬운 함정 두 가지가 있습니다. 첫째는 사람들안에 일어나는 반응이 자신의 능력에 의한 것이라고 착각하고 교만에 빠지는 경우이고, 둘째는 사람들의 반응이 없을 때 자신에 대해 실망하고 자책하는 경우입니다.

이것은 사역자체를 위험에 노출시키는 것입니다. 사역은 내 일이 아니라 하나님의 일이며 하나님의 주권에 속한 것이기 때문입니다. 진정한 사역의 시작은 성령하나님으로부터 시작되며, 영적인 사역은 성령께서 임하시고, 말씀하시며 우리의 삶을 만지실 때 일어납니다.

예배 사역의 중심은 하나님이며, 사역의 주권은 오직 하나님께 있습니다. 예배 사역의 탁월성과 영향력은 예배인도자(예배 팀)가 성령의 민감함 가운데 깨어서 성령 하나님의 통치 가운데 들어갈 때 가능하게 됩니다. 우리가 성령 하나님을 기대하고, 의지하며 열린 마음으로 나아갈 때 성령께서 친히 우리 가운데 역사하시는 것입니다.

예배 사역이란
나의 경험이나 능력으로
사역하는 자리가 아니라
우리의 능력되신 성령하나님께서 일하시도록
그 분의 통로가 되는 것입니다.

개인예배

하나님의 은혜(D key)
오직 주의 은혜로(D key)

적용 기도

 수영을 잘 하려면 물에 몸을 맡기라는 말이 있습니다. 예배 사역도 마찬가지입니다. 영적인 예배, 사역이 일어나기를 원한다면 성령님께 나를 맡겨야 합니다. 힘을 빼고 나의 계획을 내려놓을 수 있는 것은 예배의 주도권이 하나님께 있기 때문입니다. 사역의 주도권이 하나님께 있다는 믿음이 없다면 절대 예배의 주도권을 내려놓을 수 없을 것입니다. 예배뿐 아니라 삶의 자리에서 내 삶의 주권이 하나님께 있음을 선포합니다. 성령하나님의 임도하심을 순종하며 따르는 삶을 살겠습니다.

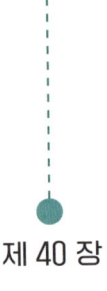

제 40 장

예배에서 찬송가 사용에 대해서

전 세대를 하나 되게 하는 기독교의 영적유산

> 그리스도의 말씀이 너희 속에 풍성히 거하여 모든 지혜로 피차 가르치며 권면하고 시와 찬송과 신령한 노래를 부르며 감사하는 마음으로 하나님을 찬양하고 골 3:16

예배사역자에게 찬송가는 교회사역에서 피해갈 수 없는 중요한 영역입니다. 젊은이들에게 낯선 언어가 된 찬송가를 예배에서 사용해야 하는 이유는 장년세대가 하나님을 만나고 경험했던 친숙한 언어이며 기독교의 영적유산이기 때문입니다.

오랜 세월 동안 기독교 역사에서 생명을 잃지 않고 기독교 신앙의 교리와 믿음을 전해 준 찬송가가 오늘날 젊은이들에게 환영받지 못하고 있는 이유는 무엇일까요? 몇 가지를 생각해 보겠습니다.

1) 가사가 어렵습니다.
성경말씀도 고어가 많고 내용이 어려워서 현대인들을 돕기 위해 쉬운 성경, 우리말성경이 나온 것을 볼 수 있습니다. 찬송가도 마찬가지로 번역될 당시 신학적인 배경과 언어로 곡이 번역되다보니, 젊은 세대가 가사내용을 이해하고 부르기가 어렵습니다.

2) 곡의 절수가 많습니다.

예배에서 노래를 마음에 담아 부르기 위해서는 가사의 내용을 이해하고 외워서 불러야 하는데, 찬송가의 경우 절수가 많아서 외워서 부르기가 어렵습니다.

3) 가사 변화가 심합니다.

예배인도자가 선곡 할 때 가장 중요하게 생각하는 것은 가사 내용입니다. 예배에서 자연스러운 흐름을 만들려면 가사 내용이 개연성을 갖고 서로 연결되어 시너지를 만들고 하나의 흐름(메시지)을 만들어야 되는데, 찬송가는 가사의 절이 넘어갈 때 마다 내용의 변화가 심해서 예배흐름 속에 넣기가 어렵습니다.

4) 음악적인 스타일을 생각해 볼 수 있습니다.

어노인팅 7집이 나오고 한 청년으로부터 '7집에 수록된 찬송가를 듣는데 이전에 들리지 않던 가사가 들린다'는 말을 들었습니다. 저에게는 이 말이 아주 신선하게 다가왔는데, 같은 노래(찬송가)인데 요즘 젊은이들의 스타일로 편곡을 했더니 이 곡이 젊은이들과 소통 할 수 있는 언어가 되었던 것입니다.

음악적인 스타일은 문화에 대한 차이로 이해할 수 있는데, 교회마다 이 부분에 많은 고민이 있는 것을 볼 수 있습니다. 어떤 경우는 장년과 청년예배를 구분해서 특성화시키기도 하는데, 이것도 하나의 방법이 될 수 있지만 예배인도자로서 소망은 예배가 전 세대를 아우를 수 있는 품이 되어야 한다고 생각됩니다. 저는 찬송가가 이런 통로가 될 수 있다고 생각합니다. 장년들에게 친숙한 찬송가를 젊은이들의 익숙한 음악으로 해석하고 편곡한다면 장년과 젊은 세대가 마음을 열고 함께 하나 될 수 있는 지점을 만들 수 있는 것입니다.

예배사역을 하면서 찬송가를 통해 새롭게 발견한 진리는 마치 밭에 감춰진 보화를 발견한 것과 같이 매번 감동으로 다가왔습니다. 찬송가는 하나님께서 교회에 주신 영적인 보화이며 유산입니다.

예배인도자가 콘티를 짜기 위해 곡을 선곡 할 때 기억해야 할 것은 기준이 내가 아니라 회중이며, 가능하다면 예배에서 소외되는 사람이 없이 모두가 함께 부를 수 있는 곡을 선곡해야 한다는 것입니다. 그렇기 때문에 교회사역에서 장년을 대상으로 사역하는 사역자들에게 찬송가가 중요합니다. 찬송가의 가사를 묵상하고, 해석하고, 외우고, 자신의 고백을 만들어야 합니다.것입니다. 그렇기 때문에 장년을 대상으로 사역하는 사역자들에게 찬송가가 중요합니다. 찬송가의 가사를 묵상하고, 해석하고, 외우고, 자신의 고백으로 만들어야 합니다.

찬송은 사람들을
하나 되게 하는 능력이 있다.
찬송은 회중들을
하나로 연합하는 공통분모이자
공동체 모두에게
익숙한 처소와 같다. [1]

개인예배

예수로 나의 구주 삼고(D key)
그 크신 하나님의 사랑(D key)

적용 기도

외국의 찬송가 앨범을 들으면, 이전에 알고 있던 찬송가의 느낌과 전혀 다른 신선함을 경험할 때가 있습니다. 이 곡을 이런 느낌으로도 표현 할 수도 있구나 하는 신선함과 영감을 불어 일으킵니다. 많은 찬송가 음원을 듣고, 가사를 묵상하며 그 안에 담긴 영적인 유산, 메시지를 저의 고백으로 만들고, 기회가 된다면 찬송가의 원래 가사를 번역해서 내용을 묵상하겠습니다.

예배묵상

많은 사람들이
다윗을 흠모하고
닮고 싶어 합니다
하지만
다윗과 같은 삶을
살려하지 않습니다

하나님의 영광을 위해 삶을 준비하십시오

1989년 여름, 군복무를 마치고 대전침례신학대학에 다니고 있는 후배의 소개로 한 선교단체의 Q. T. 모임에 참석하게 되었습니다. 하루는 단체의 대표를 맡고 있는 선교사님이 "하나님의 일을 하겠다. 하나님의 영광을 위해 살겠다고 하는 사람은 많은데 준비하는 사람은 찾기가 어렵다"는 말씀을 하셨는데, 그 말씀이 저에게 무척 의미 있게 다가왔습니다.

세상에서 좋은 직장과 배우자를 얻어 성공적인 지위에 오르기 위해 준비하는 시간이 거의 20여 년(초등학교 6년+중, 고등학교 6년+대학교 4년+대학원, 해외연수)에 이르는 것을 볼 수 있습니다. 그런데 하나님의 영광을 위해 살겠다고 헌신한 우리는 일주일에 한 번, 성경공부나 예배를 준비하기 위한 연습도 바쁘다고 시간을 내기 어려운 것을 볼 수 있습니다.

당시 제 나이가 23살이었는데 어디든 먹고 잘 곳만 있다면 가서 배워야겠다는 마음으로 서울로 올라와서 "임마누엘선교단"을 만났습니다. 하나님께 풀타임으로 삶을 드려서 사역을 시작한 것이 1989년 임마누엘선교단 이었습니다.

1980년대 후반은 우리나라 곳곳에서 찬양과 경배사역이 크게 일어나던 때였습니다. 임마누엘선교단은 국내 예배 곡이 전무했던 당시 국내에서 자작곡한 예배 곡만으로 앨범을 만들었는데 임마누엘의 3집[내 입술로/1990년]이 그 앨범이었습니다. 이 앨범을 시작으로 4집[내 영이/1992년]과 7집 [내 기뻐하는 자/1994년]을 국내 찬양과 경배 곡만으로 제작하여 국내 예배 곡의 가능성을 보여주었습니다. 임마누엘선교단의 사역은 사역을 요청한 교회를 순회하며 성경에서 말하고 있는 찬양과 예배에 대한 마음을 나누고 성도들이 찬양을 통해 하나님을 예배하도록 돕는 사역을 담당했습니다.

이후 1997년 예배사역과 문화사역을 하던 몇몇 단체가 하나님나라를 위해 각자 팀의 이름을 내려놓고 한 몸을 이루었는데 그렇게 시작된 사역이 다리놓는사람들 이었습니다. 저는 다리놓는사람들에서 예배학교를 중심으로 사역하다가, 2003년 다리놓는사람들에서 독립하면서 어노인팅미니스트리 사역을 시작하게 되었습니다. 이때 이미 어노인팅의 정규앨범 1집, 2집이 나온 상황이었는데, 다리놓는사람들에서 어노인팅이 독립한 이유는 예배 사역을 보다 전문적으로 감당하기 위해서였습니다.

어노인팅은 예배를 통한 이 땅의 부흥을 꿈꾸며, 이 비전을 이루기 위해 세 단계로 사역을 진행하고 있습니다.

첫째, 이 땅에 참된 예배자를 세우는 것입니다. 단순히 종교인에 머물러 있는 이 땅의 그리스도인이 하나님과 생명의 관계를 누리며 삶으로 하나님을 예배하는 예배자를 세우는 것입니다. 어노인팅은 매주 전국을 순회하며 집회를 통해 참된 예배자를 세우는 사역을 하고 있습니다. 또한 예배실황앨범을 만들어 어노인팅의 음반을 접하는 모든 예배자가 음반을 듣는 삶의 자리에서 하나님의 임재를 경험하고 예배하며, 삶에서 예배하는 참된 예배자를 일으키는 것입니다.

둘째, 교회에서 예배를 섬기는 예배 팀을 돕는 것입니다. 어노인팅 사역과 함께 새롭게 시작된 사역이 교회 예배 팀의 실제적인 필요를 돕고 훈련하는 워크숍 사역이었습니다. 워크숍 형태로 보통 3일간 진행되는 이 사역은 전체 강의를 통해 예배사역에 대한 마인드와 이론을 다루고, 예배사역에서 효과적이고 강력한 도구로 사용하는 음악에 대한 기본 이해와 편곡에 대한 실제를 다루는 밴드 강의, 예배인도자와 싱어, 연주자, 엔지니어를 각 파트별로 나누어 진행하는 선택강의, 매일 저녁 예배하면서 예배를 경험하고 예배를 배우는 시간을 통해 예배 팀의 실제적인 필요를 돕는 것입니다. 이와 함께 다양한 예배 사역 자료를 개발하고 나누는 사역을 하고 있습니다.

셋째, 선교입니다. 우리가 하는 모든 사역의 공통된 지향점은 선교가 되어야 합니다. 참된 예배는 선교의 동력을 일으키는 모체이며, 선교는 자신의 온 삶을 하나님께 드려 삶의 예배를 실천하는 자리이기 때문입니다. 존 파이퍼John Piper가 쓴 「열방을 향해 가라-좋은씨앗」는 이렇게 얘기하고 있습니다. "선교는 교회의 궁극적인 목표가 아니다. 예배가 그 목표다. 예배가 없기 때문에 선교가 필요한 것이다. 선교는 예배로 시작해서 예배로 끝난다." 선교가 필요한 것은 하나님을 모르고 헛된 우상에게 절하는 그들에게 복음을 전하고 하나님을 예배하도록 하기 위한 것입니다.

"축복의 통로" 가사내용을 보면서 존 파이퍼가 전하려 한 메시지가 이 곡에 담겨있다는 생각이 들었습니다. "열방이 주께 돌아오게 되리. 열방이 주께 예배하게 되리" 열방이 주께 돌아오는 것과 주께 예배하는 것이 하나의 그림으로 연결되어 있는 것을 볼 수 있습니다.

어노인팅에서 2004년에 시작한 단기 워십투어는 어노인팅의 비전을 위해 심도 있게 준비된 프로그램으로 위에 열거한 어노인팅의 사역비전을 그대로 담고 있습니다. 이 땅에 참된 예배자를 세우는 일, 전국을 순회하며 직접 찾아가 워크숍을 진행하여 교회 예배 사역의 실제적인 필요를 돕는 일, 열방이 주께 돌아오는 그날을 꿈꾸며 선교에 대한 비전으로 도전하고 헌신케 하는 모든 것이 워십투어에 담겨 있습니다. 매해 1, 2월에 진행하는 워십투어는 오디션을 통해 하나님께 전폭적으로 시간과 재능과 열정을 드린 헌신된 예배자를 오디션을 통해 선발하고, 투어를 준비하는 세 달 동안의 훈련과, 투어 하는 두 달간의 사역에서 실제 사역을 경험하며 예배를 통해 예배를 배우고, 삶으로 예배자의 삶을 훈련하여 참된 예배자로 거듭나도록 돕는 사역입니다.

다시 처음으로 돌아가 "하나님의 영광을 위해 살겠다는 사람은 많은데 준비하는 사람은 없다"는 도전을 생각해봅니다. 하나님의 영광을 위해 살기 원한다면 당신은 어떻게 준비하고 있습니까? 성경에서 우리가 배울 수 있는 한 가지 원리는 하나님께서 준비된 사람을 쓰신다는 것입니다. 예배 사역을 꿈꾸는 이들에게 이 사역의 진실을 밝히자면, 탁월한 예배 사역자가 되는데 지름길은 없다는 것입니다.

2009년은 사역을 시작한지 만 20년 되는 해이기 때문에 저에게 더욱 특별합니다. 그동안 참 많은 일이 있었습니다. 임마누엘선교단에서 다리놓는사람들로, 또 어노인팅으로 이어져 온 지난 20년의 여정은 마치 어린아이가 걸음마를 배우듯 하나님 앞에서 한 걸음 한 걸음 내딛으며 예배를 배우는 시간이었습니다. 사역의 영향력은 하나님과의 교제의 깊이에서 결정되며, 눈에 보이는 사역의 영향력은 보이지 않는 곳에서 결정됩니다. 하나님의 위대한 일에 쓰임 받고 싶다면 우리는 준비해야 합니다. 하나님은 하나님의 나라와 영광을 위해 준비된 사람을 찾고 계십니다.

> 내가 이새의 아들 다윗을 만나니 내 마음에 합한 사람이라 내 뜻을 다 이루게 하리라 하시더니 행13:22

부록

예배팀에서
싱어와 연주자의 자질과 역할

예배인도자가 콘티작성을
위해 알아야 할 10가지

악보

주

예배사역에서
사역자가
평생 가슴에
새겨야 할
단어는 섬김입니다

예배팀에서 싱어와 연주자의 자질과 역할

1. 싱어(Singer)의 역할

예배에서 싱어는 노래는 기본이고, 예배흐름을 이해하고 예배인도자와 호흡하며 기도와 외침 즉흥적인 고백이나 노래로 예배 할 수 있어야 합니다. 예배는 영적인 것이며 영적인 사역을 하려면 예배를 섬기는 사역자가 영적인 세계를 이해하고 음악을 통해 예배에 적합한 언어를 구사할 수 있어야 합니다. 예배에서 싱어는 예배인도자와 최종메시지 전달자로 단순히 노래하는 차원을 넘어 인도자와 함께 한 몸을 이루어 예배 할 수 있어야 합니다.

1) 기도(Prayer)

예배에서 인도자가 목이 터져라 통성으로 기도하고 있는데 싱어들이 함께 기도하지 않고, 마이크를 내리고 작은 소리로 속삭이는 경우가 있습니다. 이런 상황에 대해 저는 싱어들에게 이렇게 정직하게 얘기했습니다. 인도자가 기도인도 하다가 목이 쉬면되겠냐고... 인도자가 통성으로 기도를 인도할 때 싱어들이 함께 통성으로 기도하는 것은 인도자와 함께 예배흐름을 타면서 더 깊이 예배에 몰입하며 회중을 섬기는 것입니다.

우리나라의 상황을 보면 인도자가 기도를 인도할 때 힘 있게 차고 나가지 않으면 회중의 마음이 일어나지 않고 적극적으로 기도에 참여하지 않는 것을 볼 수 있습니다. 그래서 인도자가 큰 소리로 기도하며 본을 보이는 것입니다. 그런데 예배인도자를 돕고, 회중을 섬겨야 하는 싱어들이 함께 기도하지 않는다면 그 부담은 모두 예배인도자가 지게 되고, 성도에게 본이 될 수 없는 것입니다. 예배에서 인도자가 기도에 대한 마음을 나누고 기도인도를 할 때 싱어들은 함께 마음을 모아 기도하며 인도자와 회중을 섬겨야 합니다.

2) 외침(Shout)

예배에서 하나님의 크고 광대하심을 선포하며 큰 소리로 외쳐야 할 때가 있습니다. 이때 싱어는 예배인도자와 함께 예배 흐름에 합당한 고백을 함께 외쳐서 하나님을 찬양하는데, 노래가 끝났다고 예배가 끝난 것이 아니기 때문입니다. 예배에서 외침은 우리 안에 있는 하나님을 향한 확신, 진리를 선포하고 증거하며 드러내는 것입니다.

외침의 내용은 노래가사의 연장으로 외칠 수도 있고, 노래를 부르면서 노래의 가사로 다 표현할 수 없었던 자신의 고백을 외쳐서 찬양할 수 있습니다. 예를 들어 찬송가 "주 하나님

지으신 모든 세계"를 마치면서 '위대하신 하나님을 찬양합니다.' 라고 외쳐서 하나님을 찬양할 수 있고, "찬양하세"는 '예수 나의 왕 예수 나의 왕 예수 나의 왕 아멘' 곡을 마치면서 '예수님이 나의 왕이십니다. 예수님이 온 땅을 통치하십니다.' 라고 외쳐서 찬양할 수도 있습니다. 예배에서 외침으로 하나님을 찬양하기 위해서는 연습이 필요합니다. 예배흐름을 읽을 수 있는 영적인 감각과 노래가사를 묵상하여 자신의 고백으로 만들고, 연습시간에 하나님이 주시는 마음을 자신의 언어로 반복해서 표현하는 것입니다.

3) 즉흥적인 노래(Spontaneous Song)와 고백

예배인도자가 예배에서 즉흥적인 노래나 고백으로 예배흐름을 이끌 때가 있습니다. 예배 팀이 훈련되어 있지 않다면 인도자는 이 상황에서 예배 팀(싱어, 연주자)의 도움을 기대할 수 없고 시도할 수도 없을 것입니다. 예배 팀은 예배의 흐름을 읽고, 인도자와 함께 호흡할 수 있어야 하는데 예배인도자가 즉흥적인 노래나 고백을 할 때 중요한 것이 싱어입니다.

예배인도자가 즉흥적으로 고백이나 노래를 할 때, 싱어가 인도자와 함께 호흡하며 반응하지 않으면 회중들은 자연스럽게 즉흥적인 고백이나 노래로 예배에서 반응 할 수 없을 것입니다. 하지만 싱어가 인도자의 즉흥적인 노래나 고백에 화답하며 함께 반응하면 회중들은 자유함 가운데 예배의 흐름에 동참하고자 하는 마음이 일어나게 됩니다.

즉흥적인 고백이나 노래의 내용은 하나님을 향한 내면(마음)의 언어를 고백이나 노래로 표현하는 것입니다. 이때 연주자는 일정한 패턴으로 코드진행을 반복하게 되는데, 싱어는 연주자가 연주하는 코드의 화성을 이해하고 화성에 맞는 음에 자신의 고백을 담아 노래하는 것입니다.

싱어로서 예배를 잘 섬기기 위해서는 노래에 대한 재능과 훈련(호흡과 발성, 리듬이해, 마이크 사용법)이 되어 있어야 합니다. 싱어는 음악적인 준비와 함께 교회공동체에서 영적인 성숙함과 사역적인 역량이 준비되어 있어야 합니다. 아무리 재능이 있어도 영적으로 아직 어린 상태라면 예배사역자로 적합하지 않다고 할 수 있습니다. 많은 경우 교회에서 시행착오를 하는 것은 이 사역을 단순히 노래하는 기능적인 역할로 생각하고 사람을 세우는 것입니다. 기억해야 할 것은 기능적인 면만 가지고 사람을 세운다면 반드시 대가를 치르게 된다는 것입니다.

싱어는 예배에서 예배인도자와 마인드를 공유하고 함께 호흡을 맞추는 것이 중요합니다. 예배 흐름에서 커질 때와 작아질 때 인도자의 느낌을 이해하고 함께 흐름을 타는데, 이때 한 가지 주의할 것은 인도자의 의도를 넘어서지 않는 것입니다. 또한 싱어는 성도들에게 예배자의 본이 되어야 하며 예배에서 중보자로서 역할을 감당하게 됩니다.

2. 피아노 (E. Piano 또는 A. Piano)의 역할

교회예배사역에서 가장 많이 사용하고 있는 악기는 피아노입니다. 피아노는 그 자체만으로도 음악의 3요소인 리듬, 화성(화음), 그리고 선율(멜로디)을 연주 할 수 있는 악기입니다. 이 말은 피아노만으로 완벽한 음악을 구사 할 수 있다는 것입니다. 밴드로 구성된 예배 팀에는 다양한 악기들이 각자의 역할을 갖고 있는데, 피아노는 그 특성상 다른 악기의 영역을 침범할 우려가 많은 악기입니다. 피아노가 밴드에서 조화를 이루며 연주하기 위해서는 악기의 특성과 밴드에서 피아노의 역할에 대해 이해하고 있어야 합니다.

- 음악적인 역할

첫째, 피아노는 밴드에서 드럼, 베이스 기타, 기타와 함께 기본리듬을 구성합니다. 앨범을 녹음할 때 가장 먼저 하는 작업이 리듬을 녹음하는 것인데, 이때 피아노는 코드로 리듬을 연주하게 됩니다. 밴드음악에서 리듬을 이해하는 것이 중요한 이유는, 리듬이 밴드의 다양한 악기를 하나로 묶어주는 구심점 역할을 하기 때문입니다.

Tip) 우리나라의 경우 건반(피아노) 연주자가 밴드음악에서 가장 어려워하는 부분이 리듬입니다. 보통 클래식 음악의 기반을 갖고 연주하기 때문에 리듬에 대한 이해가 부족한 것이 사실입니다. 하지만 밴드음악에서 리듬은 필수적인 것으로, 밴드로 합주할 때 가장 기본은 리듬을 이해하고 연주하는 것입니다.

둘째, 다양한 화성을 음역과 보이싱(성부 작성이라는 뜻. 멜로디에 하모니를 붙여 멜로디를 제외한 성부/파트를 작성하는 것으로, 하모니제이션-화성 작성-이라고도 한다.)의 올바른 선택을 통해 풍부한 음의 색채를 제공합니다..

셋째, 일렉 기타, 신시사이저와 조화를 이루어 주선율(주된 멜로디)과 대 선율을 제공하게 됩니다.

- **영적인 역할**

    예배에서 메인 건반 연주자는 예배인도자 외에 또 한명의 예배인도자가 되어야 한다고 할 만큼 중요한 역할을 맡고 있습니다. 메인건반주자는 예배인도자와의 소통과 회중의 반응을 살피며 예배에서 일어날 수 있는 다양한 상황에 대응할 수 있도록 준비되어 있어야 합니다.

노래가 끝난다고 예배가 끝나는 것이 아닙니다.

    메인건반(피아노/ A.P, E.P) 연주자는 노래가 끝나거나 시작될 때 예배흐름에서 중요한 역할을 맡고 있는데, 노래가 끝나도 건반연주자는 계속 연주하며 예배흐름을 유지하고, 자연스럽게 다음흐름으로 연결하거나 전주를 통해 새로운 분위기로의 전환하는 등, 예배전체를 조율하는 역할을 하고 있습니다. 곡과 곡이 연결되는 지점에서 예배흐름을 이끌어 가야 하는지, 인도자를 따라가야 하는지, 아니면 아무것도 결정되지 않은 상황에서 기다려야 하는지를 알고 있어야 합니다.

    Tip1) 예배에서 노래가 끝나거나, 리듬을 풀면서 즉흥적인 상황으로 흘러갈 때 연주자나 싱어가 가져야 할 중요한 태도는 음악(노래, 연주)으로 인도하지 않고 예배인도자의 느낌(템포, 볼륨)을 존중하고 따라가는 것입니다. 또한 엔딩 부분에서 드럼이나 다른 악기가 빠질 수 있는데, 건반연주자는 예배흐름(영적인 온도)을 유지하면서 안정적으로 흐름을 연결해야 합니다.

Tip2) 오랫동안 사역하면서 좋은 연주자의 자질에서 성격이 중요하다는 것을 발견했습니다. 연주력에 자신이 없어서 그럴 수도 있지만, 오랜 시간이 지났는데도 반복되는 실수를 하고 있다면 그것은 연주력 이전에 성격적인 면에 문제가 있을 수 있습니다. 예를 들어 어떤 연주자는 신시사이저를 연주할 때는 편하게 연주를 하는데, 메인 건반을 맡으면 긴장하고, 흐름을 놓치고, 자신 있게 연주가 나오지 않는 경우입니다. 물론 메인건반과 신시사이저의 역할이 다르다고 볼 수도 있지만, 오랜 사역경험을 통해 얻은 결론은 성격이 악기를 연주하는데 많은 영향을 준다는 것입니다. 소심하거나, 쉽게 상처받고, 문제에 부딪힐 때 숨는 사람은 메인건반 연주자로서 적합하지 않습니다. 메인건반 연주자는 대범하고, 쉽게 흔들리지 않으며, 안정되게 상황을 이끌어 갈 수 있어야 합니다.

Tip3) 예배모임에서 악기를 셋 업 할 때 메인건반과 드럼의 시선을 확보하는 것이 중요한데, 예배에서 변화(key를 바꿀 때)를 가져갈 때는 메인건반 연주자와 사인을 맞추고, 곡을 엔딩(마무리) 할 때는 드럼 연주자와 소통하며 사인을 맞춰야 하기 때문입니다.

3. 신시사이저 (Synthesizer)의 역할

밴드 음악에서 신시사이저는 전체 음악에 옷을 입히는 악기입니다. 전에 함께 사역했던 신시사이저 연주자가 이 악기를 이렇게 재미있게 소개했습니다. "있으면 좋고 없으면 아쉽고 잘못 사용하면 없는 게 나은 악기" 짧지만 밴드에서 신서사이저의 역할을 이해하기 쉽게 잘 설명한 내용이라고 생각됩니다.

우리가 보통 신디 라고 부르는 이 악기는 그 자체가 오케스트라로 불릴 만큼 방대한 음원을 갖고 있습니다. 그렇기 때문에 신시사이저를 연주한다는 것은 크게 두 가지로 생각해 볼 수 있습니다. 첫째, 건반연주는 기본이고, 둘째, 악기 안에 담긴 소리의 특성을 파악하고, 다양한 상황, 장르에 적합한 소리를 찾거나 만들 수 있도록 기계를 알고, 악기를 다룰 줄 알아야 합니다.

예를 들어 교회를 보면 좋은 악기를 갖고 있지만, 그 악기를 다룰 수 있는 방법을 몰라서(배우지 않아서) 제대로 활용하지 못하고 있는 경우를 보게 됩니다. 그렇기 때문에 수많은 음원이 악기 안에 내장되어 있지만 쓰는 악기는 스트링이나 브라스, 솔로 악기 한, 두 개에 그치고 있는 것입니다. 이것은 300만원짜리 건반을 30만원짜리 건반으로 사용하고 있는 것과 같은 것입니다.

신시사이저의 역할을 음악에 옷을 입힌다고 할 때, 두 가지 면을 생각해 볼 수 있습니다.

첫째, 때에 맞는 옷을 입어야 합니다. 운동을 하러 가는데 정장을 입거나, 직장에 가는데 잠옷차림으로 가는 사람은 없을 것입니다. 운동을 하러 갈 때 운동복을 입고 직장에 출근할 때 정장을 입는 것처럼 때에 맞는 옷을 입어야 합니다. 이 부분을 신시사이저에 적용한다면 악기의 음원을 얘기 할 수 있습니다. 스트링, 브라스, 패드, 오르간, 솔로 악기 등, 음악분위기에 맞는 소리를 찾아서 음악에 적합한 옷을 입혀 주어야 합니다.

둘째, 잘 어울리는 색의 옷을 입어야 합니다. 이 부분을 신시사이저에 적용한다면, 악기의 톤이나 볼륨을 얘기 할 수 있습니다. 내가 들어가야 할 때와 빠져야 할 때, 커져야 할 때와 작아져야 할 때, 긴장감이 있는 톤을 쓸 때와 편안한 느낌의 톤을 쓸 때 등에 대해 알고 있어야 합니다.

좋은 옷을 고르는 방법 중 한 가지는 옷을 많이 입어 보는 것입니다. 다양한 음악을 들어보고 표현해 봐야 합니다. 다양한 상황가운데서 어떤 악기가 그 상황에 어울리는지, 상황에 맞는 음원을 찾고, 톤을 만들고, 연주를 통해 표현 할 수 있도록 준비되어 있어야 합니다.

악기를 잘 사용하기 위해서는 모든 연주자에게 동일하게 적용되는 내용인데, 음악을 많이 들어야 합니다. 다양한 장르의 음악을 들으며, 아이디어를 얻고, 좋은 느낌을 카피해 보는 과정을 통해 자신만의 창조적인 사운드를 만드는 것입니다.

예배의 다양한 상황에서 적합한 음원과 톤을 찾고 사용하기 위해서는 악기 본래의 특성을 이해하고 연구하며 익숙해 져야 합니다. 때에 맞는 말 한 마디가 우리의 가슴을 시원하게 하는 것처럼, 신시사이저 연주자는 상황에 맞는 언어를 구사하는, 편곡 능력을 갖추고 있어야 합니다.

4. 기타(어쿠스틱 기타, 일렉트릭 기타)의 역할

예배 팀 밴드에서 기타는 크게 어쿠스틱 기타(A.G)와 일렉트릭 기타(E.G)가 있습니다.

- 어쿠스틱 기타(A.G: Acoustic Guitar)

예배(찬양)인도자가 예배를 인도하면서 가장 많이 사용하는 악기가 어쿠스틱 기타입니다. 보통 코드를 잡고 리듬을 치며 연주하는 어쿠스틱 기타는 건반이나 다른 악기, 앰프나 전기가 없이도 연주가 가능한 악기입니다. 예배인도자가 기타를 선호하는 이유는 작고 가벼워서 어디든 가져 갈 수 있고, 누구나 쉽게 연주가 가능하고, 가격이 다른 악기에 비해 저렴하기 때문입니다.

예배인도자가 악기(기타)를 연주하는 것은 많은 장점이 있는데, 밴드와 음악적으로 소통하며 호흡을 맞출 수 있고, 연주자의 느낌을 갖고 노래할 수 있으며, 건반이나 다른 악기의 도움을 받지 않고 예배를 시작하거나 흐름을 이끌어 갈 수 있기 때문입니다. 기타는 예배(찬양)인도자가 예배인도를 할 때 가장 효과적인 도구입니다.

- 일렉트릭 기타(E.G: Electric Guitar)

　일렉기타를 생각하면 왠지 시끄럽고 자극적인 악기라는 선입견이 들 수 있는데, 그렇게 생각하는 이유는 교회에서 일렉기타를 제대로 연주하는 연주자가 많지 않기 때문입니다. 일렉기타는 어쿠스틱 기타와 달리 자체 소리는 크지 않지만 앰프와 이펙터(다양한 소리를 만들어 내는 악서사리)를 통해 나오는 소리는 밴드의 모든 소리를 압도하는 가공할 만한 파워를 갖고 있습니다. 악기연주는 기본이고 앰프나 이펙터를 사용해야 하기 때문에 기계에 대해 잘 알고 있어야 합니다.

　일렉기타 연주자는 연주를 정교하게 해야 하기 때문에 준비가 많이 필요한 악기입니다. 현대적인 예배음악에서 일렉 기타의 역할은 점점 더 비중이 커지면서 밴드에서 중요한 역할을 차지하고 있습니다. 일렉 기타는 신디와 마찬가지로 전체 밴드음악에 살을 붙이고 옷을 입히며 화려함과 힘을 더해주는 역할을 해야 하기 때문에 예배의 흐름과 방향성을 이해하고 이에 적합한 톤이나 볼륨으로 연주하는 것이 중요합니다. 한 마디로 편곡 능력이 필요한 악기라 할 수 있습니다.

　TTip) 교회에서 예배 할 때 가끔 연주자가 사정이 생겨서 빠지는 경우가 있는데, 예를 들어 드럼이 빠지는 밴드구성이라면 일렉 기타를 빼고 어쿠스틱 기타로 연주하는 것이 좋습니다. 드럼과 일렉 기타 둘 다 강한 악기인데 함께 연주할 때는 서로 시너지를 만들 수 있지만 드럼이 없는 가운데 일렉 기타를 치면 일렉 기타 소리가 너무 튈 수 있기 때문입니다.

5. 드럼(Drum)의 역할

외국에서 사역요청이 왔는데 재정이 부족해서 팀을 다 부를 수 없는 상황이라 예배인도자와 한명의 티켓 값을 지원해 줄 수 있다고 연락이 왔다면 누구를 선택해야 할까요? 먼저 사역대상, 사역형태(집회위주의 사역, 강의위주의 사역), 사역규모를 파악하고, 집회사역이라면 간단하게 어쿠스틱 기타와 건반으로 하는 사역인지 아니면 밴드로 진행하는 사역인지? 또 밴드를 구성하여 진행하는 사역이라면 현지 상황을 충분히 고려해야 하는데, 연주자의 구성과 연주력이 어떤지를 파악해야 합니다.

요청한 사역이 집회이고, 밴드를 구성하여 진행하는데 연주자 한 명만 데려가야 한다면 전 드럼연주자와 함께 갈 것입니다. 보통 교회나 지역에서 사역하는 팀과 예배를 섬길 때, 건반, 베이스, 기타 다 중요하지만 드럼연주자의 연주력이 예배에서 차지하는 비중이 그 만큼 크기 때문입니다.

드럼연주자의 역할을 크게 음악적인 면과 영적인(예배) 면으로 생각해 볼 수 있습니다.

- 음악적인 면
드럼의 역할을 크게 세 가지로 정리할 수 있습니다.

첫째, 드럼은 리듬악기로 곡의 리듬을 구성하는 구심점 역할을 하게 됩니다. 같은 곡이라도 어떤 리듬으로 연주할 것인가에 따라서 곡의 분위기가 많은 차이를 내게 되는데, 곡에 어울리는 리듬으로 연주 할 때 노래의 맛을 살리고 음악은 힘을 얻게 됩니다.

둘째 드럼은 예배에서 템포(빠르기)를 유지하고 이끌어 가는 데 결정적인 키를 갖고 있습니다. 예배인도자나 다른 악기가 템포를 바꾸려고 해도 드럼이 도와주지 않는다면 앞으로 나아갈 수 없을 것입니다. 드럼이 밴드의 템포를 이끌어 가는데, 템포가 흔들리면 밴드의 안정감이 깨어지게 됩니다. 그렇기 때문에 드럼 연주자는 반드시 메트로놈(metronome)을 갖고 연습을 해야 합니다. 여기에서 한 가지 생각해야 할 것은, 정확한 박자로 연주하되, 실제 집회가 라이브로 진행될 때 예배에서 다양한 상황이 일어날 수 있기 때문에 예배인도자와 소통하며 상황에 맞는 연주를 해야 합니다.

셋째 드럼은 예배에서 전체볼륨을 결정하는 역할을 하게 됩니다. 좋은 팀은 드럼연주자가 밴드 사운드를 인도하게 되는데, 드럼연주가 커질 때 밴드 사운드가 함께 커지고, 드럼연주가 작아질 때 밴드 사운드가 함께 작아지는 것입니다. 그렇기 때문에 드럼 연주자와 인도자의 호흡이 중요합니다. 드럼연주자는 예배인도자의 그림자와 같이 커질 때 같이 커지고 작아질 때 같이 작아지며 느낌을 공유해야 하기 때문입니다. 예배에서 완급조절은 음악에 신선함과 긴장, 음악의 절정을 만들어 가는 데 중요한 역할을 하게 됩니다.

- 영(예배)적인 면

예배에서 드럼이 끼치는 영(예배)적인 사역을 하는데 가장 중요한 것은 인도자와의 소통입니다. 이때 중요한 것은 인도자와 예배에 대한 마인드를 공유하는 것인데, 예배인도자는 충분히 예배에 대한 마음, 즉 예배흐름을 드럼 연주자에게 전달해야 합니다.

예배인도자와 드럼연주자가 소통할 때 구조적인 문제는 드럼의 위치를 얘기 할 수 있습니다. 예배가 준비한 콘티대로만 진행된다면 큰 문제가 없지만, 예배가 성령님의 인도하심에 열려있고, 즉흥적인 요소를 담아내야 한다면 드럼연주자와의 소통은 반드시 해결해야 하는 필수적인 요소입니다. 보통 악기 위치를 결정할 때 필자의 경우는 반드시 드럼과 메인건반과의 시야를 확보하는데, 키(key)를 바꿀 때는 메인건반 연주자, 음악적인 변화(마무리, 시작)가 필요할 때는 드럼 연주자와 반드시 소통을 해야 하기 때문입니다.

또한 실제 예배에서 드럼 연주자는 예배 전체의 흐름을 이해하며 곡의 시작과 끝을 분명히 하고, 리듬과 템포, 밴드의 볼륨을 인도하게 됩니다. 예배흐름은 전체적으로 점진적으로 사운드가 강해지거나 빨라지게 되는데, 드럼의 템포가 느려지면 앞으로 나아가기가 힘들고, 정서적인 어려움을 주게 됩니다. 팁을 하나 나눈다면 비슷한 템포의 곡이 이어질 때는 약간 업 템포로 차고 나가야 힘이 생기고, 예배의 신선함을 유지할 수 있습니다.

드럼 연주자는 예배인도자와 소통을 통해 인도자가 의도하는 바를 충분히 읽고 연주에 반영해야 합니다. 드럼 연주자에게 별명을 붙인다면 야전사령관이라고 할 수 있습니다.

- 예배 드럼 연주자에게

  몇 년 전에 외국에서 온 예배 팀의 예배를 경험하면서 드러머의 연주가 상당히 절제되어 있고 예배에 적합한 연주를 하고 있다는 느낌이 들었습니다.

  드럼연주자라면 음악적인 실력(이 부분이 해결되지 않는다면 다음 스텝을 기대할 수 없습니다.)은 기본이고, 예배하면서 자유롭게 연주할 수 있도록 준비되어 있어야 하는데, 연주로 예배의 언어를 구사하는데 도움이 될 만한 몇 가지 팁입니다.

  첫째. 영적인 민감함
  예배흐름을 타면서 영적인 민감함을 갖고 성령하나님에 대해서 열려있어야 합니다.

  둘째. 예배인도자와의 소통
  곡의 루틴이나 길이 보여도 인도자보다 먼저 가지 않고 예배인도자를 신뢰하며 따라가야 합니다.

  셋째. 예배만큼 연주할 수 있는 감각
  더 화려하고 멋진 연주를 할 수 있어도 오버하지 않고 예배에 필요한 만큼 연주할 수 있어야 합니다. 연주를 언어로 이해할 때 꼭 필요한 말을 하는 것입니다.

요즘 저는 예배에서 드럼 연주자에게 심벌플레이를 많이 요구하고 있는데, 예배에서 연주를 하지 않을 때도 심벌로 밴드와 함께 호흡하며 한 흐름을 탈 수 있기 때문입니다. 연주자가 예배에 적합한 언어를 알고 쓸 수 있다면 예배에서 더 많은 언어를 효과적으로 사용 할 수 있을 것입니다.

6. 베이스 기타(B.G/ Bass Guitar)의 역할

베이스 기타를 생각하면 옛 추억이 새록새록 떠오릅니다. 고등학교시절 학교에 스쿨밴드가 있었는데 어떻게 연결되었는지 기억은 나지 않지만 팀에 들어가 일 년에 한번 하는 정기공연에 찬조 출연을 하게 되었습니다. 당시 삼 개월 가량 학원을 다니면서 기초를 익히고 두 곡을 열심히 준비해서 연주를 했는데, 이 일이 계기가 되어 고등학교 졸업 후 교회 선배의 권유로 찬양 팀에 베이스 기타 연주자로 들어가게 되었습니다. 지금 생각하면 웃음이 절로 나오는 얘기인데, 찬양 팀에 베이스 기타 연주자로 들어가게 된 이유는 베이스 기타는 틀려도 표시가 나지 않는다고 생각했기 때문입니다.

보통 교회 찬양 팀 연주자 중에서 베이스 기타만큼 많은 사연을 갖고 있는 악기는 없을 것입니다. 베이스 기타를 치게 된 이유 중 가장 흔히 나오는 얘기는 넌 기타 못 치니까 베이스 기타나 차라고 해서 베이스 기타를 치게 된 경우이고, 베이스 기타는 줄도 몇 개 안 되고 치기 쉽다고 해서(꼬셔서) 치게 된 경우 등등

   그런데 위의 얘기는 다 거짓말입니다. 베이스 기타가 코드를 잘못 누르면 표시가 나지 않는 것이 아니라 밴드에 재앙이 일어납니다. 그것은 사운드의 기초가 통 채로 흔들리기 때문입니다. 기타를 못 쳐서 베이스를 친다는 것도 말이 안 됩니다. 보통 밴드에서 베이스기타 연주자가 밴드의 리더를 맡고 있는 경우가 많은데, 그 이유는 베이스 기타 연주자가 리듬과 화성을 동시에 알고 있어야 하기 때문입니다. 베이스 기타는 드럼과 함께 리듬을 견고히 하면서 화성의 근음을 연주하여 화성악기(건반, 기타)와 리듬(드럼)악기를 연결하는 다리역할을 하고 있습니다.

   사역을 다니다 보면 교회에 베이스 기타가 없이 밴드가 구성되어 있는 찬양 팀을 종종 보게 되는데, 베이스 기타가 없이 밴드 음악을 한다는 것은 집 지을 땅을 준비하지 않고 집을 지으려 하는 것과 같다고 할 수 있습니다. 보통 아카펠라 팀에서 가장 중요한 파트를 베이스 파트라고 하는데, 그 이유는 베이스가 없으면 음감을 느낄 수 없기 때문입니다. 마찬가지로 밴드에서 베이스 기타는 모든 사운드의 기초라고 할 수 있습니다. 탁

월한 베이스 연주자가 되기 위해서는 리듬에 대한 이해와 화성에 대해서 많은 공부를 해야 합니다.

베이스 기타의 연주는 화려하거나 튀지 않기 때문에 자칫 밴드에서 소홀하게 생각 될 수 있는데, 정말 좋은 팀은 좋은 베이스 연주자가 있는 팀입니다. 이런 표현이 적절할지 모르지만 베이스 기타는 잘 하면 본전인 악기라고 할 수 있습니다. 잘 치면 표시가 나지 않고, 당연하게 여겨지지만, 틀리면 모든 멤버들의 따가운 시선을 받는 악기가 베이스 기타입니다. 베이스 기타는 밴드에서 주연을 빛나게 하는 조연을 맡고 있다고 할 수 있습니다.

Tip] 기타와 마찬가지로 베이스 기타에서 가장 신경 써야 할 것은 튜닝입니다. 음이 맞지 않으면 음악의 기초가 흔들리는 것과 같기 때문입니다.

7. 예배 팀 음향 엔지니어에게 해 주고 싶은 조언

재미있는 이야기를 하나 나누면, 예배 팀에서 오랫동안 악기를 연주하던 친구가 있었는데 교회에서 어떤 사역을 하고 있냐고 물어보니 음향 엔지니어를 하고 있다고 했습니다. 연주자가 왜 엔지니어를 하고 있냐고 이유를 알아보니 교회에서 음향 엔지니어를 하는 것이 악기를 연주하는 것보다 더 페이가 많기 때문이라고 했습니다. 교회에서 연주자는 있어도 되고 없어도 되는 딴따라(물론 다 그렇진 않지만)취급을 받는데, 음향 엔지니어는 교회가 대형화되고 고가의 장비가 들어오면서 없어서는 안 되는 중요한 존재가 된 것입니다.

오랫동안 현장에서 사역하면서 보이지 않는 곳에서 묵묵히 자신의 역할을 감당하고 하고 있는 음향 엔지니어의 중요성은 아무리 강조해도 부족함이 없을 것입니다. 엔지니어는 목사님의 설교 메시지나 예배 팀(싱어, 연주자)의 소리를 성도에게 전달하는 최종적인 결정자이기 때문입니다.

문제는 선교단체 에서는 엔지니어가 예배 팀의 멤버로 함께 사역하고 있지만 교회는 그렇지 않은 경우가 많다는 것입니다. 예배 팀 멤버가 엔지니어를 하는 것이 아니라면, 교회에서 엔지니어로 채용된 직원이 음향 엔지니어를 하게 되는데, 이때 예배 팀과 한 팀이 되어 함께 호흡하고 소통하는데 어려움이 있을 수 있는 것입니다.

예배사역은 종합예술과 같은 것으로 좋은 예배를 만들어가기 위해서는 예배를 섬기는 모든 사역자가 한 몸을 이루고 기능적인 역할을 넘어서 먼저 예배자가 되어야 합니다.

이 지점에서 쓴 소리를 하나 나눈다면 방송실이 외부에 있다면 문제가 없지만 방송실이 따로 독립되어 있는 경우, 방송실이 예배하지 않고 잡담을 나누는 공간이 되는 경우가 있습니다. 교회 방송실을 보면 그 교회의 예배수준을 가늠 할 수 있다는 말이 있습니다. 교회에 좋은 예배인도자나 예배 팀이 있는 것도 복이지만 좋은 엔지니어가 있다는 것은 그와 비교할 수 없는 가치를 갖고 있는 것입니다.

친구 중에 양대인이라 칭하는 엔지니어가 있습니다. 친구지만 그의 삶과 사역을 보면 저뿐 아니라 많은 후배가 존경하는 친구입니다. 그는 엔지니어로서 늘 섬김에 본을 보입니다. 항상 먼저 솔선수범해서 함께하는 후배들이 부담을 느낄 정도입니다. 일을 할 때 함께 사역하는 사람의 나이나 실력에 상관없이 얘기를 들어주고 사람들을 편하게 해줍니다. 그는 예배에서 엔지니어로서 신경 쓸 일이 많지만 늘 예배하려고 애씁니다. 정말 이런 엔지니어와 함께 사역하는 것은 큰 축복이 아닐 수 없습니다.

문제는 목회자(예배 팀 리더)가 이들을 돌보거나 양육하지 않고 직원으로 대하는 것입니다. 먼저 엔지니어가 교회(예배)에서 얼마나 중요한 역할을 맡고 있는지 인식할 수 있도록 교육이 이루어져야 합니다. 중요한 것은 소통인데 소통의 질을 결정하는 것은 관계입니다. 예배 팀의 경우 가능하다면 엔지니어가 한 팀으로 호흡할 수 있도록 함께 모이고 기도하고 마음을 나누는 것이 좋습니다. 엔지니어는 섬기는 자로 예배 팀을 인격적(예배 팀 멤버들 대다수가 음향을 잘 모르고, 엔지니어와 무엇을 소통해야 할지 몰라도)으로 대하고, 예배자로 그 자리에 서야합니다. 보이지 않는 곳에서 늘 섬김의 손길로 무대 위의 사람들을 빛나게 하는 엔지니어들에게 감사의 마음을 전하며 글을 마무리합니다. 여러분이 있어서 늘 든든하고 행복합니다.

콘티를 준비할때
섬김의 마음으로
대상을 파악하고
눈높이를 맞추고
함께 예배
할수 있는곡을
선곡해야 합니다

연배인도자가
콘티작성을 위해
알아야 할 10가지

들어가는 글 : 예배콘티를 준비하는 것은 현장에서 사역하고 있는 예배(찬양)인도자에게 가장 실제적이고 현실적인 필요라고 할 수 있습니다. 우리는 매주 예배하고 있고 예배(콘티)를 준비해야 하기 때문입니다. 누군가 "어떻게 콘티를 짜야 하나요?" 질문할 때 간단하게 답하기 어려운 이유는, 콘티를 준비하는 것은 종합예술과 같은 방대한 과정을 통해 얻을 수 있는 결론이기 때문입니다. 콘티를 짜는 것은 어떤 방법이나 공식이 아닌 하나님과의 교제를 알고 생명의관계를 갖기위한 원리를배우는것입니다.이것은 오랜 시간 하나님과의 교제를 통해 습득되는 영적인 감각과 같은 것입니다.

1. 예배를 알아야 합니다

예배를 안다는 것은 하나님을 아는 것과 직접적인 관계를 갖고 있습니다. 예배는 정직한 것으로 우리는 하나님을 아는 만큼 예배할 수 있습니다. 신학적으로 예배를 "하나님의 계시에 대한 인간의 반응"으로 정의하는데, 하나님의 계시가 없다면 우리는 하나님을 알 수도 없고, 하나님을 알지 못한다면 예배할 수 없는 것입니다. 이 정의에서 우리가 배울 수 있는 핵심은 예배의 시작이 인간이 아니라 하나님이라는 것입니다.

2. 예배자가 되어야 합니다

하나님을 안다는 것은 단순히 하나님에 대한 지식이나 정보가 아니라 하나님과의 관계를 말하는 것입니다. 하나님을 만나 인격적인 교제를 나누지 않았다면 우리는 하나님을 안다고 할 수 없는 것입니다. 예배인도자는 사역자 이전에 먼저 하나님과의 교제를 아는 예배자가 되어야 합니다. 예배인도자가 하나님과의 교제를 알지 못한다면, 성도들이 하나님과 교제하도록 도울 수 없을 것입니다.

3. 예배의 모델이해

예배인도자는 성도들이 하나님의 임재 앞으로 나아가는 길을 안내하는 역할을 해야 하기 때문에 하나님과 교제할 때 교제(예배)의 시작과 과정, 목적지로 어떻게 나아가야 하는지 예배전체에 대한 깊은 이해를 갖고 있어야 합니다. 예배의 모델이란 하나님과 교제할 때 예배 안에 어떤 과정이 있고, 그 과정이 무엇을 의미하는지 이해하는 것입니다. 예배의 모델을 알아야만 콘티를 짤 때 하나님과의 교제를 위한 의미 있는 콘티를 준비할 수 있습니다.

4. 예배 곡 해석

예배 콘티를 준비할 때 예배 곡 해석은 가장 기본적이고 필수적인 요소입니다. 곡을 해석할 때 크게 두 가지를 생각할 수 있는데, 첫째는 노래의 가사내용을 묵상하고 자신의 고백으로 만드는 내용적인 해석이고, 둘째는 노래의 조(key)와 리듬, 빠르기, 음악 스타일을 파악하는 음악적인 해석이 있습니다.

1) 내용적인 해석(가사 묵상의 중요성)

저는 오늘날 교회에 노래가 부족하지 않다고 생각합니다. 문제는 노래에 담긴 메시지가 나의 고백, 나의 믿음이 되고 있지 않은 것입니다. 노래한다는 것은 누군가에게 메시지를 전한다는 것을 의미하는데, 예배인도자가 가사내용을 해석(묵상)하지 않고 노래한다는 것은 누군가와 대화를 나눈다고 할 때 자신이 무슨 말을 하는지도 모르는 상태에서 얘기 하는 것과 같은 결과를 만들 수 있습니다.

2) 음악적인 해석(음악의 역할과 중요성)

예배사역에서 예배가 본질이라면 음악은 예배를 돕는 효과적이고 강력한 도구입니다. 예배를 준비할 때 자연스러운 예배 흐름을 만들기 위해서는 노래의 키(key)와 리듬(비트/Beat 이해), 템포를 알아야합니다. 예배인도자(사역자)가 음악을 잘 알고 준비되면 그만큼 음악을 예배에서 효과적으로 사용 할 수 있습니다

5. 예배 곡 선곡의 원리

예배인도자가 예배에서 부를 노래를 선곡한다는 것은 사랑하는 사람과 교제를 나눈다고 할 때 적절한 언어를 찾아내는 것과 같습니다. 하나님과의 교제의 의미를 생각하면서 곡을 선곡하되, 곡을 통해 예배의 상황에 맞는 적절한 언어를 구사해야 합니다.

"예배인도란 찬양을 준비하는 것이 아니라 당신 자신을 준비하는 것이라는 사실을 기억해야 한다. 당신이 하나님과 함께하는 은밀한 시간을 가질 때 그것은 가장 잘 이루어진다. 은밀한

곳에서 하나님께서 당신에게 말씀하신 것은 공적인 집회에서 반향 되어 질 것이다."(데이브 펠링엄/ 영국의 예배사역자)

'눈에 보여 지는 사역의 영향력은 보이지 않는 곳에서 결정된다.'란 말이 있습니다. 일상의 삶에서 하나님과 깊고 친밀한 교제를 가질 때 우리는 보다 풍성한 예배의 언어로 하나님을 예배 하게 될 것입니다.

6. 예배 곡을 선곡 할 때 고려해야 할 내용들

1) 대상을 파악해야 합니다

예배인도자는 선곡할 때, 항상 "섬김"의 태도를 갖고 회중들이 알고 있고, 함께 예배 할 수 있는 곡을 선곡해야합니다.

위대한 찬양(예배)곡은 회중을 하나님과 만나게 한다. 회중이 좋아하는 곡을 부르기 시작할 때, 당신은 사람들이 손을 들고 찬양하는 것을 볼 수 있고, 점점 커지는 그들의 노래 소리를 들을 수 있을 것이다." (하나님을 갈망하는예배인도자/앤디 팍)

2) 자신이 예배한 경험이 있고, 자유롭게 예배 할 수 있는 곡을 선곡해야 합니다

예배인도자가 하나님을 깊이 만나고 경험한 곡은 인도자가 예배를 인도할 때 보다 큰 확신을 갖고 회중을 인도하는 통로가 됩니다.

예배인도자는 자신의 믿음을 진정으로 표현 할 수 있는 노래를 선택해야한다. 다른 사람들을 인도하는 도구로 노래를 사용하기 전에, 먼저 그 노래를 통해서 예배인도자가 하나님을 만날 수 있어야한다.(하나님을 갈망하는예배인도자/앤디팍)

3) 예배 팀의 구성과 연주력을 고려하여 곡을 선곡해야 합니다

교회마다 예배 팀 구성이나 연주자의 연주력에 많은 차이가 있는데, 한 가지 기억해야 할 것은 하고 싶은 것과 할 수 있는 것은 다르다는 것입니다. 곡을 선곡할 때 멤버들의 수준을 생각하고, 예배 팀(연주자, 싱어)이 자유롭게 예배 할 수 있는 곡을 선곡해야 합니다.

7. 예배에서 소통은 생명입니다

예배인도자가 예배사역에서 이해해야 할 중요한 요소 하나는 소통입니다. 예배가 하나님과의 소통이기 때문입니다. 크게 세 영역의 소통을 생각해 볼 수 있는데, 공통적으로 적용할 수 있는 중요한 요소는 관계입니다. 내가 소통하는 대상과 어떤 관계를 갖고 있는가에 대한 깊이와 친밀함이 소통의 질을 만들기 때문입니다.

1) 성령하나님과의 소통

예배인도자는 영적인 민감성을 갖고 성령님과 소통하며 하나님의 뜻이 무엇인지를 분별 할 수 있어야 합니다.

2) 회중과의 소통

예배인도자는 예배에서 회중과의 소통을 통해 회중의 영적인 상태를 파악(회중들의 필요)하고, 그 상황을 풀어낼 수 있어야 합니다.

3) 예배 팀과의 소통

예배에서 깊고 세밀한 예배의 언어를 구사하기 위해서는 팀원 전체가 예배사역에 대한 마인드를 공유하고 예배를 함께 느끼고 소통하며, 한마음이 되어야 합니다.

8. 예배사역에서 음악의 역할

새들백교회의 예배인도자 릭 무초는 예배에서 음악의 역할을 이렇게 말했습니다. "음악 자체는 예배가 아니라 예배의 언어이다. 이것은 하나님을 향한 우리의 사랑을 표현하는 방법이다."

> 음악 자체는 예배가 아니라 예배의 언어이다.
> 이것은 하나님을 향한 우리의 사랑을 표현하는 방법이다.

음악을 예배의 언어라고 할 때 중요한 것은 음악을 통해 예배의 적절한 언어를 구사하는 것입니다. 음악으로 예배의 언어를 구사하기 위해서 중요한 것은 예배를 알아야 합니다. 예배에서 말을 해야 할 때와 침묵할 때, 속삭여야 할 때와 질러야 할 때를 알고, 가사묵상을 통해 노래의 내용을 파악하고 노래에 담긴 메시지를 음악을 통해 표현하는 것입니다. 음악의 창조성, 예배의 언어를 구사할 때 영감을 주는 재료는 가사입니다.

9. 예배인도(사역)에서 섬김의 두 영역

예배인도자(예배자+인도자)는 하나님 앞에서는 예배자로, 회중들에 대해서는 인도자로서 두 영역을 함께 바라보며 섬기는 역할을 맡고 있습니다.

하나님과 회중을 섬기는 두 영역에서 예배자로 하나님을 섬기는 측면은 예배의 시작에서 마지막까지 변함이 없지만, 인도자로 회중을 섬기는 측면은 회중의 상태에 따라 섬김의 영역이 커지거나 작아지거나 아주 없어질 수도 있습니다. 회중이 예배에 대해 영적으로 준비되어 있다면 회중을 섬기는 영역이 그만큼 작아지거나 없어지겠지만 준비되어 있지 않다면 회중을 섬기는 영역이 그만큼 커지는 것입니다.

10. 예배의 주도권

오랫동안 예배사역을 전문적으로 하고 있지만 예배가 어려운 것은 예배 사역의 주도권이 사람에게 있지 않고 하나님께 있기 때문입니다. 정말 좋은 예배, 영적인 예배로 나아가기 원한다면 내가 할 수 없다는 것을 인정하고 하나님께서 친히 일하시도록 힘을 빼야합니다.

예배사역이란 내가 갖고 있는 경험이나 기술로 회중을 조종(컨트롤)하는 것이 아니라 내가 성령님께 조종당하는 것입니다. 예배의 주도권이 하나님께 있다면 우리에게 필요한 것은 그 분을 인정하고, 하나님께서 친히 우리 예배를 인도하시도록 영적인 민감함을 갖고 열려있는 것입니다. 내 능력이나 기술로 사역하는 것이 아니라 능력의 하나님이 나를 통해 일하시도록 그 분의 온전한 통로가 되는 것입니다.

주님 한 분 만으로

박철순 작사/작곡

주님을 더욱

박철순 작사/작곡

서문
예배를 통한 이 땅의 부흥을 꿈꾸며

1. 엘버 타운스, 「성장하는 교회는 무엇이 다른가」 잭 헤이포드, 요단 64쪽.

3장 예배는 습득되는 것입니다
1. 밥 소르기, 「찬양으로 가슴벅찬 예배」 모리스 스미스, 두란노 95쪽.

4장 예배는 하나님과의 인격적인 사귐입니다.
1. 루이 기글리오, 「하나님을 향한 열정과 경배」,
브루스 리프블래드, 요단, 170쪽.

5장 예배는 참된 가치에 대한 반응입니다.
1. 루이 기글리오, 「하나님을 향한 열정과 경배」, 요단, 11쪽.

6장 예배와 갈망1. 하나님을 만나지 못한 사람의 갈망
1. 잭 헤이포드, 「경배」, J.B.필립스, 죠이선교회, 11쪽.
2. 돈 윌리엄스, 「예배자 핵심 파일」, 죠이선교회, 24쪽.
3. 잭 헤이포드, 「경배」, 어거스틴, 죠이선교회, 11쪽.

8장 우리는 예배하는 존재로 지음 받았습니다.
1. 잭 헤이포드, 「경배」, 8, 9쪽.
2. 돈 윌리엄스, 「예배자 핵심 파일」, 죠이선교회, 23쪽.

17장 우리 예배는 축제가 되어야 합니다.
1. 루이 기글리오, 「하나님을 향한 열정과 경배」, 요단, 15,16쪽.

20장 예배전쟁
1. 매트 레드맨, 「엎드림」, 조셉 파이퍼, 죠이선교회, 118쪽.

21장 금식이란 내 영혼에 하나님 자리를 만드는 것
1. 히더 웹, 「나를 찾아가는 이야기」, IVP.

25장 예배와 선교
존 파이퍼, 「열방을 향해 가라」, 좋은씨앗, 19, 20쪽

26장 위험한 고백
1. 고형원, 예배인도자컨퍼런스

27장 예배자인가 사역자인가
1. 오스왈드 챔버스, 「주님은 나의 최고봉」, 기독교문서선교회, 129쪽.

30장 공격적인 예배로의 부르심
1. 매트 레드맨, 「하나님 앞에 선 예배자」, 죠이선교회, 86쪽.

36장 예배 사역에서 음악의 역할
1. 릭 무초, 「예배의 해답」, 인피니스, 152쪽.

37장 예배에서 선곡한다는 것은
1. 데이브 펠링엄, 「온전한 예배」, 비전북, 196쪽.

40장 예배에서 찬송가 사용에 대해서
1. 돈 모엔

예배를 통한
이 땅의
부흥을 꿈꾸며

WORSHIP BUILDERS BOOK
THE SPIRIT OF WORSHIP